독소전쟁

-모든 것을 파멸시킨
2차 세계대전 최대의 전투-

오키 다케시 지음 | 박삼헌 옮김

AK

일러두기

1. 이 책은 국립국어원 외래어 표기법에 따라 외국 지명 및 외국 인명을 표기했다.

2. 본문 중 외국 지명 및 외국 인명이 처음 등장할 시에 영어 및 한자를 병기했다.

3. 서양 지명 및 서양 인명은 영어 표기를 기준으로 했다.

4. 지은이가 권말에 정리한 '약칭 및 군사용어'는 구분 표시가 없는 주석으로 본문에 포함했다.

5. 어려운 용어는 독자의 이해를 돕기 위해 주석을 달고 역주로 구분 표시했다.

6. 책 제목은 겹낫표(『』)로 표시하였으며, 이외의 인용, 강조, 생각 등은 따옴표를 사용했다.

7. 본문 중 진한 글씨는 지은이가 강조한 것이다.

머리말 현대의 야만

미증유의 참화

1941년 6월 22일 나치 독일과 동맹국 군대는 독소불가침조약을 깨고 소련을 침공했다. 이후 1945년까지 계속된 이 전쟁을 보통 '독소전쟁'이라고 부른다. 독일이나 서구 시점에서 제2차 세계대전 중 '동부전선' 전투라고 부르는 경우도 적지 않다. 어쨌든 이 전쟁은 모든 면에서 이전에도 없었고 어쩌면 앞으로도 없을 제2차 세계대전의 핵심이자 주전장主戰場이었다고 해도 좋다.

독소전쟁은 북으로는 핀란드에서 남으로는 코카서스 Caucasus까지 수천 킬로미터에 달하는 전선에서 수백만 대군이 격돌한 전쟁이다. 전쟁의 양태도 적과 대치하며 진지를 구축하는 보병, 장갑부대에 의한 돌파 진격, 공정작전空挺作戰(적을 공격하거나 아군을 지원할 목적으로 항공기로 지상 부대를 적 후방에 침투시키는 작전-역주), 상륙작전, 요새 공략 등 현대 육지전의 거의 모든 패턴이 전개된, 군사사 軍事史의 관점으로도 매우 드문 전쟁이었다.

이 전쟁 중에 발생한 여러 전쟁의 공간적 규모는 지

금의 우리가 실감하기 어려울 정도이다. 옛 육군 장교였던 전쟁역사연구자 가토가와 고타로加登川幸太郎는 스탈린그라드 전투Battle of Stalingrad를 일본 지리에 적용한 흥미로운 글을 썼다. 이해를 돕기 위해 인용해보기로 한다. 이 책 181쪽 지도를 참조하면서 읽길 바란다.

볼가Volga강 연안의 스탈린그라드를 스미다隅田강이 있는 도쿄東京라고 해보자. 그러면 독일 제14장갑사단이 돌파 진출했던 시의 북부는 소카草加 부근이고, 소련군이 마지막까지 확보했던 남부의 베케토프카Beketovka는 요코하마항横浜港 부근에 해당한다. (중략) 돈Don강의 하구인 로스토프나도누Rostov-na-Donu는 나라현奈良県 남부의 산악지대에 해당한다. 돈강을 거슬러 올라가면 이세시伊勢市, 하마마쓰시浜松市(침략스카야Tsimlyanskaya, 침략스크Tsimlyansk의 1950년 이전 명칭-역주), 시즈오카시静岡市를 지나 후지산富士山 서쪽으로 나오고, 이어서 다이보사쓰토우게大菩薩峠(칼라치나도누Kalach-na-Donú), 구마가야시熊谷市, 나가노시長野市, 도미야마시富山市를 지나 상류의 보로네시Voronezh는 가나자와金沢에서 북북서 250킬로미터에 위치하는 바다에 해당한다.

이 전쟁의 발단이 되었던 하리코프Kharkov는 가나자와에서 서북서 300킬로미터에 위치하는 바다에 해당한다(고유명사 등은 이 책의 기술에 맞게 인용함).

하지만 독소전쟁이 역사적으로 주목받은 이유는 규모가 컸다는 점만이 아니었다. 이 전쟁의 본질은 독일과 소련이 서로를 타협할 여지가 없이 전멸시켜야 할 적으로 간주하는 이데올로기를 전쟁 수행의 근간에 두고 그것을 위해 참혹한 투쟁을 철저히 실행한 점에 있었다. 약 4년에 걸친 전쟁을 통해서 나치 독일과 소련 사이에는 집단학살과 포로학살 등 근대 이후의 군사적 합리성으로는 설명할 수 없는 무의미하기조차 한 만행이 계속 반복되었다. 이 때문에 독소전쟁의 참혹함은 상상하기 힘든 규모이다.

비교 대조를 위해 먼저 일본의 수치를 살펴보기로 하자. 1939년 당시 일본 총인구는 약 7138만 명이었고, 동원된 전투원 중에서 210~230만 명이 사망했다. 게다가 비전투원 사망자는 55~80만 명으로 추정된다. 매우 비참한 숫자이다. 하지만 독일과 소련, 특히 소련의 피해

<표 1> 독소전쟁에서 소련군이 입은 인적 피해

전사	518만 7,190명	부상자	1520만 5,592명
부상 후 전사	110만 327명	이병자罹病者	304만 7,675명
부상 후 병사	54만 1,920명		
행방불명 또는 포로	445만 5,620명		
합계	1128만 5,057명	합계	1825만 3,267명

David M. Glantz/Jonathan M. House, When Titans Clashed, revised and expanded edition, 2015, Table P를 근거로 작성.

는 그 정도가 달랐다.

소련은 1939년에 인구 1억 8879만 3천 명이었지만, 제2차 세계대전으로 전투원 866만 8천~1140만 명을 잃었다고 한다. 군사행동과 집단학살에 의한 민간인 사망자는 450만~1000만 명, 그 외에 질병이나 기아에 의한 민간인 사망자는 800만~900만 명이었다. 냉전시대 총 사망자 숫자는 국력 저하 이미지를 주지 않기 위해 2천만 명으로 공식화되었다. 하지만 소련이 붕괴하고 좀 더 정확한 통계가 가능하게 되자 상향 수정되어 현재는 2700만 명이 사망한 것으로 집계되고 있다.

독일도 1939년 총인구수 6930만 명 중 전투원 444만~531만 8천 명이 죽고 민간인 피해도 150만~300만 명에 달할 것으로 추정되고 있다(단, 이 숫자에는 독소전쟁의 피해만이 아니라 다른 전선의 피해도 포함됨).

이렇듯 전투만이 아니라 집단학살, 수탈, 포로학살도 계속되었다. 인류역사상 가장 참혹한 전쟁이었다고 해도 과언이 아니다.

세계관 전쟁과 대조국전쟁

독소전쟁이 이토록 비참한 지경에 이른 이유는 무엇일까. 우선 총통 아돌프 히틀러Adolf Hitler 이하 독일 측 지도부가 소련과의 전쟁을 인종적으로 뛰어난 게르만 민족이 '열등 인종' 슬라브인을 노예화하기 위한 전쟁, 나치즘과 '유대적 볼셰비즘'의 투쟁으로 상정한 것이 중요한 원인이었다. 그들은 독소전쟁을 '세계관 전쟁'으로 간주하고 그것의 실행은 무자비해야 한다고 보았다.

1941년 3월 30일 소집된 독일 국방군 고급 장교들 앞에서 히틀러는 다음과 같이 연설했다.

대립하는 두 개의 세계관 사이의 투쟁. 반사회적 범죄자 같은 볼셰비즘을 박멸한다는 판결이다. 공산주의는 미래에 대한 터무니없는 위협이다. 우리는 군인의 전우 의식을 버리지 않으면 안 된다. 공산주의자는 지금까지 전우가 아니었고 앞으로도 전우가 아니다. 몰살 투쟁만이 문제다. 만일 우리가 그렇게 인식하지 않으면 적을 무찌를 수는 있지만 30년 이내에 다시 공산주의라는 적과 맞닥뜨릴 것이다. 우리는 적을 살려 두는 식의 전쟁 따위는 하지 않는다.

히틀러에게 세계관 전쟁은 '몰살 투쟁' 즉, 절멸 전쟁에 다름없었다. 더구나 히틀러의 인식은 나치 고관들만이 아닌, 정도의 차이는 있지만, 국방군 장관들도 똑같이 공유하는 것이었다.

이러한 의도를 가진 침략자에 대해 소련 독재자이자 소비에트 공산당 서기장 스탈린Joseph Stalin 이하 지도자들은 코민주의와 민족주의를 융합시켜 위기를 극복하려고 했다. 일찍이 나폴레옹의 침략을 물리친 1812년 '조국 전쟁'에 빗대어 이 전쟁은 파시스트 침략자를 격퇴하고 러시아를 지키기 위한 '대조국전쟁Great Patriotic War'이라고 규정되었다.

이것은 독일과의 전쟁이 도덕적이고 합리적으로 용인할 수 없는 적을 응징하는 성전聖戰이라는 인식을 민중에게까지 퍼뜨림과 동시에 독일 측의 반복된 주민학살 등의 범죄행위와 맞물려 보복 감정을 정당화했다. 전쟁 중에 독일을 향한 선전 활동에 종사했던 소련 작가 일리야 에렌부르크Ilya Ehrenburg는 1942년에 소련군 기관지『크라스나야 즈베즈다Krasnaya Zvezda, 붉은 별』에 격렬한 필치로 이같이 썼다.

> 독일군은 인간이 아니다. 이제 '독일의~'라는 단어는 가장 두려운 욕설이 되고 말았다. (중략) 만일 당신이 독일군을 죽이지 않으면 독일군은 당신을 죽일 것이다. 독일군은 저주받은 독일로 당신 가족을 끌고 가서 마구 괴롭힐 것이다. (중략) 만일 당신이 독일인 한 사람을 죽였다면 그다음 사람을 죽여라. 독일인의 시체보다 더 나은 즐거움은 없다.

이러한 선동을 당해 전시국제법을 무시하는 소련군의 행동도 점점 더해갔다. 양군의 잔학행위는 서로 증오를 맞받아치며 확대되어 현대의 야만이라고 할 만한 처참한 양상을 초래했다.

왜곡된 이해

앞서 서술한 바와 같이 '세계관 전쟁'이라는 독소전쟁 성격이 서양 연구에서 강조된 것은 주지의 사실이다. 전후 독일연방공화국(통칭, 서독. 현재의 독일)에서 옛 고급 군인들이 국방군은 나치 범죄에 가담하지 않았다는 '청렴한 국방군'설을 퍼뜨렸지만, 이것도 '국방군전'(국방군의 집단학살에 관여 등을 폭로한 순회전람회)을 계기로 1990년대에는 부정되었다.

하지만 일본에서는 전문 연구자를 제외하면, 일반인이 이러한 독소전쟁의 중요한 측면을 이해하고 있다고 하기는 힘들다. 독소전쟁이라고 하면 독일 국방군 장관 회상록이나 제2차 세계대전에 관한 전기戰記 등의 번역서를 통해서 일부 전쟁 관련 마니아에게 오로지 군사적인 배경이나 전쟁 경위 등이 알려져 있을 뿐이었다. 하지만 그러한 번역서 또는 그것들을 토대로 쓰인 저작이 현재로서는 문제가 적지 않음도 밝혀지고 있다.

독일군들 회고록 대부분은, 수준 높은 통솔력을 지니지 못한 히틀러가 전쟁 지휘만이 아니라 작전지휘까지 개입하여 어설픈 실수를 계속하다가 패전을 초래하고 말았다고 주장했다. 죽은 독재자에게 패배의 책임을 미루고 자신들은 잘못이 없다는 것이다. 히틀러가 간섭하지 않았다면, 수적으로 앞선 소련군과 맞서도 독일 국방군이 작전의 묘를 살려 승리할 수 있었다는 장군들의 주장은 소련의 압도적 군사력과 대치하던 냉전 중의 서방측 여러 국가에도 입맛에 맞는 것이었다.

1970년 이후 독소전쟁에 관한 일본인의 이해에 영향을 끼친 것은 이러한 회고록을 비롯한 다양한 전기戰記였다. 그중에서도 영향력이 컸던 이는 『사막의 여우Die Wüstenfüchse』『바르바로사 작전Unternehmen Barbarossa』『초토작전Verbrannte Erde』 등으로 알려진 파울 카렐Paul Carell, 본명은 파울 칼 슈미트Paul Karl Schmidt이다. 젊은 나이에 나치 정권의 주요 부서인 외무성 보도국장이라는 요직에 있던 인물이다. 전후에 본명과 경력을 숨기고 '파울 카렐'이라는 필명으로 쓴 책은 일본에서도 베스트셀러가 되었고 '역사서'로 인용하는 예도 있을 정도였다.

하지만 카렐이 쓴 저작의 근간은 제2차 세계대전의 참화에 독일이 저야 할 책임은 없고, 국방군은 열세에도 불구하고 용감하고 교묘하게 싸웠다는 '역사수정주의'였다. 이러한 카렐의 시점으로 국방군의 범죄가 표

백되고 있었다. 나치 시대 카렐의 과거를 폭로한 독일의 역사연구자 비그베르트 벤츠Wigbert Benz는 독소전쟁을 주제로 한『바르바로사 작전』과『초토작전』을 낱낱이 조사했지만, 국방군의 만행을 적은 부분은 단 한 군데도 없었다고 단언했다.

이렇듯 카렐이 그린 독소전쟁의 이미지는 홀로코스트의 그림자마저도 가려버리는, 마치 무인도에서 군대만이 행동하고 있는 듯 한쪽으로 치우친 관점을 독자에게 보여주는 것이었다. 이러한 그의 경력과 이데올로기에서 유래하는 왜곡은 진작에 문제시되었지만 2005년 독일에서 파울 카렐 평전이 간행되면서 비로소 체계적으로 비판되었다.

이후 카렐의 기술에는 독일군의 '건투', 승리를 목전에 두고 있었다는 주장을 과장하기 위해 실제로는 존재하지도 않았던 현상도 포함되어 있음이 확인되었다. 독일연방 국방군 군사사연구국이 정리한 제2차 세계대전사에서 인용해보도록 하자. 쿠르스크 전투Battle of Kursk의 중요한 국면, 프로호로프카Prokhorovka 전차전을 다룬 부분이다.

이 줄거리(1943년 7월 12일 프로호로프카에서 대전차전이 벌어졌다는 전후 소련 측, 특히 당사자인 로트미스트로프Rotmistrov 장군의 주장)는 독일의 전기戰記 작가 파울 카렐의 공상을 자극했다. 그는 (독일) 제3장갑군단의 프로호로프카를 향한 경주를 이렇게 연출했다.

"전쟁사에서 그러한 사례는 얼마든지 있다. 지금도 전쟁의 귀추를 좌우하는 운명적 결정은 일분일초를 다툰다. 다투는 단위는 하루가 아니라 시간이다. '워털루의 세계사적 순간'이 프로호로프카에서 재현된 것이다." 심한 곤경에 빠져있던 영국군 총사령관 웰링턴Wellington을 도우려고 서둘렀던 프로이센의 블뤼허Blücher 원수와 그의 개입을 막으려 했지만 실패한 나폴레옹 휘하의 그루시Grouchy 원수가 싸운 워털루전쟁을 경주에 비유한 것이다. 당시의 그루시 원수와 마찬가지로 프로호로프카의 켐프Werner Kempf 장군(독일 측)도 도착이 너무 늦었다고 기술했다.

하지만 독일의 문서관 사료를 통해서 7월 12일의 경주 따위는 전혀 없었을 뿐 아니라 로트미스트로프가 기술한 듯 보이는 프로호로프카 남방의 전차전 따위가 존재하지 않았음을 알 수 있다. 프로호로프카에는 가장 많을 때 전차 44량을 보유한 (독일) 제6장갑사단이 있었을 뿐이었다.

이러한 결함이 폭로된 이후 서양 각국의 학계에서는 카렐의 저서가 독자의 이해를 왜곡하는 것으로 인식되어 생각해볼 가치도 없는 취급을 받는다. 독일에서 그의 모든 저작은 출간 이후 중쇄를 거듭하여 간행되었지만, 2019년 현재는 모두 절판되었다.

출발점에 서기 위해

안타깝게도 일본에서는 파울 카렐 이후의 독소전쟁 이미지가 지금까지도 강하게 남아있는 실정이다. 다른 한편 1989년에 동유럽 사회주의권이 해체되고 이어서 1991년 소련 붕괴로 사료 공개와 사실 발견이 진전되어 서양의 독소전쟁 연구는 비약적으로 발전하였다. 일본과의 이해와 인식의 차이는 이제 간과하기 어려울 정도로 넓어졌다.

이 책은 이러한 상황을 고려하여 현재 독소전쟁에 관해 사실史實로서 확정된 것이 무엇이고, 정설로 여겨지는 해석은 어떤 것인지, 어디에 논의의 여지가 있는지를 전하는, 다시 말해 독소전쟁 연구 현상 보고를 목표로 한다. 무엇보다 먼저 이해 촉진과 연구 심화를 위한 출발선에 서는 것이 필요 또는 불가결이라고 생각하기 때문이다.

일본어로 참조할 수 있는 문헌이 적은 전쟁사나 군사사 측면에서의 논술을 중심으로 서술했지만 '세계관 전쟁'으로서의 독소전쟁은 순수하게 군사적인 면을 논하는 것만으로 그 전체를 파악할 수 없다. 정치, 외교, 경제, 이데올로기의 측면에서도 살펴볼 필요가 있다. 따라서 이 책에서는 그러한 측면도 필요할 때마다 논하고자 한다. 물론 이 책 한 권으로 인류사상 최대로 가장 피비린내 났던 전쟁을 빠짐없이 그려내기에는 부족한 점이 많을 것이다. 하지만 내 시도가 미증유의 전쟁이었던 독소전쟁을 '인류의 체험'으로 이해하고 고찰하는 데 도움이 되기를 바란다.

문제 설정은 이 정도로 하고 독소전쟁이라는 역사의 무거운 문을 열어보도록 하자. 시작은 1941년 초여름의 모스크바, 붉은 독재자 이오시프 스탈린 집무실이다….

차례

핀란드

레닌그라드

독소전쟁 시작 당시 유럽
1941년 6월 22일
■ 독일령
▨ 독일 점령지
∷ 독일 동맹국
□ 대독일 협력지역
▨ 독일, 이탈리아의 군정 또는
통치

모스크바

스몰렌스크

소련

민스크

쿠르스크   보로네시

스탈린그라드

키예프   하리코프

독부

리비우(리보프)   로스토프나도누

가리

루마니아   세바스토폴   흑해

불가리아

그리스   터키

EUROPA. POLITISCHE ÜBERSICHT. 1941, *Wehrmacht Soldaten Atlas*, Leipzig, 1941 수록 지도를 참고로 작성

1장
거짓 악수에서 격돌로

1. 스탈린의 도피

무시된 정보

스탈린은 책상 위에 놓인 기밀문서에 확인했다는 의미로 엑스x표를 쳤다.

도쿄 1941년 5월 30일

베를린은 주일 독일대사인 오이겐 오트Eugen Ott에게 독일이 6월 후반에 소비에트를 공격하기 시작할 것이라고 전해왔다. 오트는 95퍼센트의 확률로 전쟁이 시작될 것이라고 전해왔다. (후략)

스탈린이 읽은 것은 독일지 『프랑크프루터 알게마이네 차이퉁Frankfurter Allgemeine Zeitung』의 특파원으로 일본에 가서, 당시 고노에 후미마로近衛文麿 정권의 핵심부로 깊이 침투해 있던 소련의 정보원 리하르트 조르게Richard Sorge의 기밀 보고였다. 독소전쟁 발발 약 3주 전에 독일의 침공이 가깝다는 경고를 전하는, 소련으로서는 귀중한 정보였다. 아니 그랬어야 했다.

스탈린의 집무실에는 조르게의 전신만이 아니라 독

소전쟁 발발이 가까워졌다는 경보가 다수 제출되어 있었다. 그런데도 스탈린은 귀를 기울이려 하지 않았다. 조르게의 보고만 무시된 것이 아니었다. 세계 각국으로 흩어진 소련의 스파이 망이 모스크바로 전한 정보는 일설에 의하면 백 수십 건에 달한다고 한다. 하지만 1941년 초여름, 스탈린은 독소전쟁 개전이 다가왔다고 알리는 정보를 전혀 믿으려 하지 않았고 국경 수비를 맡는 각 군대에 경고는커녕 오히려 도발적 행동을 취하지 말라고 경고하기만 하였다.

독소전쟁 개전 5일 전에 내무인민위원회(NKVD, 내무부에 해당하는 소련의 관청. 비밀경찰을 통괄하고 전투부대도 가지고 있다)에서 침공이 임박했다는 경고가 포함된 스파이의 정보를 받은 스탈린은 이렇게 대답했다.

"독일 공군 총사령부의 '정보 자료' 따위 말을 어떻게 믿나. 그런 것은 정보이기는커녕 우리를 기만하려고 흘리는 것에 불과해."

이러한 착오의 대가는 컸다. 스탈린이 채운 족쇄 덕분에 소련군 부대는 무방비이거나 무경계 상태로 독일의 침략과 직면하게 되었다. 독일군의 공격은 일대 기습으로 밀려들었고 소련군은 한때 붕괴를 걱정할 정도로 큰 피해를 당했다. 영국의 전시 수상 윈스턴 처칠 Winston Churchill의 말을 빌리자면, 스탈린은 "근대의 전쟁 중에서 침공을 받은 어떤 지도자보다도 위기가 임박하고 있다는, 공격개시일까지도 분명히 알려주는 많은 양의 질 좋은 정보를 얻고 있었다." 그런데도 왜 스탈린은 경계 조치를 하지 않았을까. 당연한 의문이다.

뿌리 깊은 영국 불신

가장 먼저 영국에 강하게 가진 질투심과 의심을 생각해야 한다. 스탈린이 생각하기에 독소불가침조약(1939년 체결) 이후 독일과의 우호 관계는 비록 나빠지기는 했지만 폴란드 분할을 시작으로 독소 쌍방에 커다란 이익을 주는 것이었다. 히틀러가 그 이익을 쉽사리 포기할 것 같지는 않았다.

한편, 영국, 프랑스, 독일, 이탈리아, 이 네 나라가 체코슬로바키아의 영토 할양을 결정한 뮌헨회담(1939년) 이후 서유럽 자본주의 제국, 특히 영국은 소련을 무시할 뿐만 아니라 적대적 태도를 취해왔다. 적어도 스탈린은 그렇게 생각하고 있었다. 그는 영국이 독일을 소련과 전쟁하기를 바라는 마음에서 계략을 꾸미고 있다고까지 의심하고 있었다.

스탈린은 그러한 시기와 의심 때문에 각국에서 들어오는 정보 중, 특히 영국에서 오는 것은 모두 모략이라고 생각해버렸다. 그의 시야를 가린 요인 중 하나는 뮌헨회담 이후 자본주의 제국, 특히 영국 불신이라는 선입관이었다.

약해진 소련군

전쟁 따위 일어나지 않길 바랐다. 아니, 일어나서도 안 되고 일어날 리도 없다. 스탈린이 현실도피에 가까운 바람에 사로잡힌 또 다른 이유가 있었다. 당시 소련군은 매우 약해져 있었다. 1939~1940년까지 핀란드 침략, '겨울 전쟁'이라 불리는 전쟁에서 훨씬 약한 상대에게 소련군은 고전을 면치 못했다. 이 전쟁에서 밝혀진 바와 같이 소련군은 열악한 상태였다. 그 원인은 1937년에 시작된 '대숙청'에 있었다.

러시아혁명을 실현한 지도자 레닌Vladimir Lenin이 죽은 후, 스탈린의 권력 기반은 아직 불안정한 상태였다. 선배 공산당 간부나 정부 지도자 중에는 틈만 있으면 반역을 일으켜서 자신을 몰아내려는 자도 많았다. 그러한 강박관념에 사로잡힌 스탈린은 내무인민위원회 소속 비밀경찰을 동원하여 선배나 동지 등 소련의 지도자들을 체포하고 처형했다. 숙청은 문관文官만이 아니라 붉은 군대赤軍(소련의 정규군-역주) 간부까지도 대상이 되었고, 그 대다수는 '인민의 적'으로 간주해 총살되거나 체포·투옥되었다.

이때 숙청당한 숫자는 사람을 섬뜩하게 만든다. 1937년에서 1938년까지 장교 34,301명이 체포되거나 추방당했다. 그중 22,705명은 총살당하거나 행방불명되었으며, 그 실태는 지금까지도 밝혀지지 않고 있다. 또 고급 장교일수록 숙청의 희생자가 많아서, 군의 최고 간부 101명 중 91명이 체포되었고 그중 80명이 총살당했다고 한다. 군 최고 계급이었던 소련연방 원수도 당시에 다섯 명 중 세 명이 총살당했다. '종심전투Combat in Depth' 등 시대를 앞선 용병 사상을 완성하는 것으로 유명한 미하일 투하쳅스키Mikhail Tukhachevsky 원수도 그중 한 사람이었다.

일반적으로 장교는 군의 중추라고 일컬어진다. 만일 그렇다고 한다면 스탈린은 스스로 소련의 중추를 때려부순 꼴이었다. 실제로 대숙청의 영향은 심각했다. 독

왼쪽부터 스탈린, 몰로토프Vyacheslav Mikhailovich Molotov, 칼리닌Mikhail Ivanovich Kalinin, 투하쳅스키. 1936년 소비에트대회.

소전쟁이 시작되기 1년 전인 1940년 여름에 현장 부대 다수를 사찰한 붉은 군대 보병 총감은 "225개 연대의 지휘관 중에서 육군대학교 졸업자는 한 명도 없고 각종 군학교를 졸업한 자 25명, 나머지 200명은 장교 속성 과정을 밟고 임관한 자들뿐이다"라고 보고했다. 1940년 초라는 시점에서 사단장의 70퍼센트 이상, 연대장의 약 70퍼센트, 정치위원과 정치부대장의 60퍼센트는 그 직책에 오른 지 1년 정도의 경험밖에 없었다.

즉, 대숙청은 고급 통수統帥, 다시 말해서 대규모 부대 운영에 관한 교육을 받은 장교, 러시아혁명 후 내전과 대소간섭전쟁對蘇干涉戰爭(1918년에서 1920년까지 미국, 영국, 프랑스, 일본 등의 연합국이 러시아혁명으로 세운 소련 정부를 타도하기 위해 일으킨 전쟁-역주)의 실전 경험을 지닌 지휘관 대부분을 소련군에서 제외해버린 것이다. 마침 1938년에 시작된 제3차 5개년계획에 따라 물적 군비는 확충되고 있었다. 하지만 장교단이 궤멸한 이상, 아무리 병기와 장비를 갖추어도 정예 군대를 유지하기는 어려웠다.

미국의 군사사 연구자 글랜츠David M. Glantz는 그의 대저 『흔들리는 거인Stumbling Colossus』에서 이러한 소련군의 곤경을 극명하게 논증했다. 독일의 소련 침공은 스탈린의 선제공격에 대한 예방전쟁이었다는 항간의 가설(이것은 파울 카렐을 비롯한 역사수정주의자들 주장이었다)에 반박을 가하고, 그러한 주장은 군사적으로 성립할 수 없다는 결론을 내렸다.

물론 스탈린은 자신이 지시한 숙청으로 인해 자신의 군대가 약해졌다는 사실을 알고 있었다. 많은 실전 경험을 쌓으며 숙적인 프랑스를 항복시킨 독일 국방군에게 소련군은 작전으로든 전술적으로든 아직 맞붙을 수 있는 상태가 아니라는 인식을 하고 있었음이 틀림없다. 따라서 이대로 독일과의 전쟁에 돌입하면 소련 붕괴는 불 보듯 뻔했다. 그렇게 예상했기 때문에 스탈린은 임박한 독일의 침공을 무시하고 모든 것은 소련을 전쟁에

휘말리게 하려는 영국의 모략이라고 굳게 믿었다. 아니 믿고 싶었다. 유쾌하지 못한 사실이 제시되었음에도, 일어나지 않길 바라는 것은 안 일어난다는 어긋난 '신앙'의 포로가 되었기 때문이다.

하지만 현실을 부정한 독재자는 심상치 않은 재앙을 불러들이고 있었다. 이렇듯 소련에 있어서 비극을 한층 심각하게 만든 요인은 대숙청으로 권력 집중이 이루어지면서 소련 지도부의 이견이 배제되고 스탈린의 오류와 선입관 및 편협한 신념이 그대로 국가의 방침이 된 데 있었다.

이로 인해서 1941년 초여름, 소련 국민은 어느 정도는 피할 수 있었던 가혹한 시련 앞에 놓이고 말았다.

2. 대소전쟁 결정

정복 '프로그램'

독일 총통 아돌프 히틀러는 1923년에 뮌헨에서 쿠데타를 일으켰다가 실패하고 투옥된 적이 있다. 그는 그

때부터 1945년 소련군에 포위된 베를린에서 자살하기까지 시종일관 소련을 타도하고 동방 식민지제국을 건설하는 정치 구상을 추구했다고 한다. 이런 주장을 처음 한 것은 영국 역사연구자 휴 트레버 로퍼Hugh Redwald Trevor-Roper였다. 그는 이미 1960년에 나치즘 본질은 독소전쟁에 있었다고 강하게 주장했다. 이런 그의 주장을 서독을 비롯한 서양 각국 연구자들이 심화시켜 이른바 '프로그램'론이라 불리는 학설이 만들어졌다.

그에 따르면 히틀러는 풍부한 자원과 농지를 지닌 공간, '동방생존권Lebensraum im Osten'을 확보하지 않으면 게르만 민족의 생존은 불가능하다고 확신했다. 그러기 위해서는 동방의 러시아를 정복하여 독일 지배하에 두지 않으면 안 된다. 하지만 제1차 세계대전에서 증명된 바와 같이 영국과 러시아를 동시에 적으로 만들어서 양쪽과 전선 전쟁에 돌입한다면 독일은 다시 패배할 것이다.

따라서 영국을 동맹국으로 삼거나 중립 상태에 둔 다음 체코슬로바키아, 폴란드, 프랑스 등을 차례로 타도하고 전략적인 기반을 구축한다. 그리고 나서 소련과 전쟁을 시작하여 소련을 전멸시키고 그 땅에 게르만 민족의 식민지제국을 건설한다. 히틀러는 이러한 '프로그램'을 만들어서 착실히 수행해 나갔다는 주장이다.

이 학설은 히틀러가 권력을 장악한 이후의 정치 외교, 나아가 군사행동도 어느 정도는 합리적으로 설명할 수 있었기 때문에 한때는 히틀러 전략에 관한 정설로 취급되었다. 하지만 그들 프로그램 학파(의도파라고도 불림)의 주장은 지나치게 히틀러에만 집중되어 있고, 당시 독일 국내 정치의 틀, 사회적·경제적 제약을 경시했던 논의였다. 그래서 1970년대 말 이후 혹독한 비판을 받으면서 점차 프로그램 학파의 주장은 단일 원인론에 불과하다는 사실이 밝혀졌다. 또한 히틀러가 현실정치 속에서 생각한 대로 프로그램을 실행할 수 있었을까 하는 의문도 강해졌다. 결국 현재 프로그램론은 예전과 같은 유일한 정설이 아니라 히틀러 정책과 전략을 다루는 해석 중 하나가 되었다.

의도하지 못한 전쟁의 양상

어쨌든 프로그램 학파가 주장하듯이 치밀한 계획이 없었다 하더라도 소련과의 전쟁이 히틀러의 숙원이었음은 틀림이 없다. 그것은 어떠한 경위를 거쳐서 결정된 것일까.

우선 제2차 세계대전이 히틀러 의도를 벗어난 모양새로 시작되어버렸음을 확인할 필요가 있다. 이데올로기로 보자면 불구대천 원수인 소련과 불가침조약을 맺고 영국과 프랑스 견제와 폴란드 침공의 국지 분쟁화를 도모했음에도 전쟁의 확대는 피할 수 없었다. 사실 1939년 9월 3일 영국과 프랑스가 독일에 선전포고를 했다는 소식을 들은 히틀러는 "이제 어떻게 하지?"라고 중얼거렸다고 한다.

하지만 영국과 프랑스에 앞서 군비확장을 추진했던 독일 국방군은 우수한 작전계획으로 1940년 프랑스와 전쟁에서 생각지도 않은 큰 승리를 거두었다. 동맹국 프랑스의 탈락으로(노르웨이, 덴마크, 베네룩스 3국은 이미 독일에 점령되어 있었다) 영국은 대륙과 단절되고 고립되었다.

순식간에 우위에 서게 된 히틀러는 영국에 화평을 제안했지만 영국 수상에 취임한 처칠은 이를 일축하고 철저한 항전의 방침을 굳히고 영국 본토 방위 태세를 강화했다. 어쩔 수 없이 히틀러는 영국 본토 상륙작전을 준비하도록 지령을 내렸다. 그런데 재건 도중 빈약한 전력으로 전쟁에 돌입했던 독일 해군은 영국 본토 상륙작전이 곤란하다며 난감해했다.

공습 폭격을 받은 현장을 시찰하러 걸어가는 처칠, 1940년 런던.

   그 결과 히틀러는 공중전으로 영국을 굴복시킬 방침으로 전환하고 독일 공군에 대규모 영국 본토 공습을 실행시켰다. 영국 공군이 이것을 맞아 싸운 것이 그 유명한 영국 본토 항공전이다. 처음에는 병력이 우수한 독일 공군이 제공권을 장악하리라 생각되었지만, 영국 공군이 끈질긴 요격전을 펼쳐 전쟁 양상은 일진일퇴로 치달았다.

   강화를 제안할 수도, 영국 본토를 제압할 수도 없이 진퇴양난에 빠진 히틀러는 동방으로 눈을 돌렸다. 영국이 무의미한 저항을 계속하고 있는 것은 결국 미국과 소련이 도와줄 것이라는 희망이 있었기 때문이다. 그렇다면 '대륙의 검'인 러시아를 분쇄하면 예전부터 원하던 동방 식민지제국 건설과 함께 영국의 항전 의지도 꺾는 두 가지 목적을 달성할 수 있으리라고 생각했다.

세 개의 날짜

그럼 히틀러는 어떻게 결단을 구체화했을까. 그 결단을 보여주는 중요한 날짜가 세 개 있다.

첫 번째는 독일 남부 베르히테스가덴Berchtesgaden의 베르그호프Berghof에 있던 히틀러 산장에 국방군 수뇌부가 모인, 1940년 7월 31일이다(7월 29일 국방군 최고사령부에 비공식 통보). 이날, 영국이 소련의 참전에 기대를 걸고 있다고 생각한 히틀러는 소련 박멸을 통해서 영국의 강화를 끌어내라고 군 수뇌부에게 말했다.

두 번째는 1941년 봄까지 180개 야전 사단과 약간의 점령용 사단의 장비를 갖추라는 총통명령이 내려진 1940년 7월 27일이다. 내용에서 알 수 있듯이 소련과의 전쟁 준비가 실제로 지시되었다고 해석할 수 있다.

세 번째는 소련 외무인민위원 몰로토프가 베를린을 방문했던 1940년 11월 12일 및 13일이다. 이 시기는 핀란드나 석유를 생산하는 루마니아를 어느 쪽 세력권에 둘 것인지를 두고 독일과 소련의 관계가 냉각되기 시작했다. 이러한 긴장을 해결하기 위해 독일 외상 리벤트로프Joachim von Ribbentrop는 몰로토프를 베를린으로 초청하여 일본·독일·이탈리아·소련 4개국 동맹을 맺고 대영제국을 해체한다는 계획을 제안하여 양국의 알력을 해소하려 했다. 하지만 몰로토프는 리벤트로프의 장대한 계획 따위는 무시하고 비밀의정서 규정을 충실히 이행하도록 요구할 뿐이었다. 몰로토프의 차가운 반응을 지켜본 히틀러는 독소전쟁이 불가피하다고 결단하기에 이르렀다는 가설도 있다.

물론 이 날짜 세 개 중 어느 날을 히틀러가 소련과의 전쟁을 결단한 날로 해석해야 할지는 다양한 논의가 있었다. 그중에는 영국 역사연구자 배리 리치Barry A. Leach처럼 여러 가설을 합쳐 히틀러는 1940년 7월 31일부터 11월 13일에 걸쳐 서서히 소련과의 전쟁에 대한 결의를 다졌다는 3단계 결정론을 주장하는 경향도 있다.

과연 히틀러는 앞의 세 가지 날짜마다 어느 정도 결심했을까. 사료로 그것을 읽어내기는 매우 어렵다. 하지만 소련 침공이 정식으로 결정된 날짜는 1940년 12월 18일이라고 알려져 있다. 이날 비로소 소련과의 전쟁을 실행하라는 총통지령 제21호가 하달되었기 때문이다.
'바르바로사'라는 비밀 명칭을 붙인 침공작전의 톱니바
퀴가 은밀히 돌아가기 시작했다.

육군 총사령부의 우려

지금까지 서술한 바와 같이 1945년 전쟁 직후에서
1980년대 초반까지 독일의 대소 개전 결의를 둘러싼 논
의는 히틀러 판단에 집중되어 있었다. 물론 나치 독일
에서 독재자 히틀러의 의향은 정책 결정의 가장 중요한
요인이기 때문에 연구의 초점이 되는 것은 당연했다.

하지만 그러한 연구 흐름이 소련 침공에 관여한 국방
군의 책임을 배경에 불과하게 하였다는 점은 부정할 수
없다. 이러한 연구 동향은 장군들의 주장과 더불어 국
방군은 히틀러 명령에 의무적으로 따랐을 뿐 적극적으
로 침략에 가담하지 않았다는 것과 같은 막연한 인상을
만들어냈다.

하지만 독일의 준공간準公刊전쟁사『독일과 제2차 세
계대전』제4권은 1983년에 간행되었는데, 이중 소련 침
공을 다룬 부분에서 국방군, 특히 육군이 대소전쟁에
적극적이었음이 밝혀졌다. 여기에 수록된 독일 역사연

구자 에른스트 크리크Ernst Krieck의 논문이 총통지령 이전부터 육군 총사령부(OKH. 1935년의 재군비와 함께 설치되었다. 독일 육군 참모본부의 후속 기관. 정식명칭은 '육군 총사령부/육군 참모본부'. 독일 육군 통수에 해당하는 기구로 '군령' 관련 사항, 즉 육군의 지휘나 작전 입안을 담당한다. 전쟁 지휘를 둘러싸고 종종 국방군 최고사령부와 권한 다툼을 일으켰다)가 소련 침공의 각오를 굳히고 있었음을 실증했다.

그 단서는 독일이 영국·프랑스와 대치하고 있는 동안, 배후의 안전에 관한 우려에 있었다. 1939년 9월 폴란드 분할로 소련과 국경을 접하게 된 독일은 불가침조약이 존재하지만 소련에 대한 경계심을 풀지 않았다. 1939년 9월 27일 육군 총사령관 발터 폰 브라우히치 Walther von Brauchitsch 원수 및 프란츠 할더Franz Halder 육군 참모총장과의 회담에서 히틀러는 국익이 조약보다도 위에 있는 것이고 영원히 유효한 것은 성공이자 힘이라고 말했다. 같은 해 10월 9일 국방군 최고사령부(OKW, 1938년에 설치된 독일 국방성 후속 기관. 본래는 '군정', 부대 편성編成[주로 새로 부대를 조직하는 것을 의미함]과 장비 계획 입안 등이 주무 사항이었지만, 1938년에 히틀러가 국방군 최고사령관에 취임한 이후 총통의 군사 막료부 기능을 부여받아 전쟁 지휘나 작전도 담당

왼쪽부터 브라우히치 육군총사령관, 히틀러, 할더 육군 참모총장.

하게 되었다. OKW 장관은 나중에 원수가 되는 빌헬름 카이텔Wilhelm
Keitel 상급 대장이고, 각료 상당의 직으로 알려져 있다) 장관 및 육
해공 3군의 각 총사령관에게 보낸 각서에도 소련이 계
속해서 중립을 유지하는 것은 어떤 조약이나 협정으로
도 보증될 수 없다는 경고가 적혀있었다. 이러한 총통
의 불안을 국방군 수뇌부도 공유하고 있었다.

1939년 10월 20일, 독일 국방군의 주력이 서방 침공
작전을 위해 서부로 집중하고 있는 사이 동부 국경을
지키는 임무를 맡은 '동방총군Oberbefehlshaber Ost'에 육
군 총사령관 브라우히치 명령이 하달되었다. 혹시 모를
적의 공격에 대비해 즉시 사용 가능한 병력으로 방어전
을 할 수 있도록 함과 동시에 안전하게 증원부대의 신

속한 전개가 가능하도록 방위 진지선을 구축하고 정비하라는 내용이었다. 이어서 할더 육군 참모총장이 동방총군 참모장에게 서방 작전 수행 중에 소련군이 침공해 올 경우를 대비해 동부 국경 방위계획을 입안하도록 지시했다.

동부 국경에 대한 독일 국방군 수뇌부의 불안은 앞서 말한 겨울 전쟁 때문에 점점 심해졌다. 독일이 준비 미숙으로 서방을 공격할 수 없는 사이에 소련은 핀란드와 전쟁을 일으켜 혁명의 성지인 레닌그라드Leningrad에 근접한 카렐리야Kareliya 지방을 할양받았다. 소련이 국경을 서쪽으로 넓히고자 노력하고 있던 것은 명백한 사실이다.

애초 육군 총사령부는 스탈린의 대숙청으로 약해진 소련군이 독일 본토로 침공해올 가능성은 희박하다고 판단하고 있었다. 하지만 독일이 서방 작전에 집중하고 있는 동안에 소련이 자신들의 배후를 찌를 유혹에 빠질 가능성이 전혀 없지는 않았다. 무엇보다도 독일의 전쟁 수행에 반드시 꼭 필요한 석유가 있는 루마니아 방면으로 소련은 엄연히 위협을 가하고 있었다. 1940년에 베네룩스 3국과 프랑스를 침공하여 성공을 거둔 이후에도 영국이 항전을 이어가서 독일군 전력의 상당한 부분을 묶어두고 있었기 때문에 동쪽을 지킬 힘이 부실했다는 점도 부정할 수는 없다.

할더 육군 참모총장은 만약 소련군이 독일로 침공해 올 경우, 소수의 병력밖에 쓸 수 없으므로 공세방어(적의 힘을 약화하기 위해 기회를 포착하여 적극적인 공격 행동을 취하는 방어-역주)에 의지하기로 했다(당시 히틀러는 영국과 전쟁이 계속될 때를 대비하여 육군을 삭감하고 해군과 공군을 강화하기로 결정했다). 할더의 일기 중 1940년 6월 18일 내용에는 "최소한을 원칙으로. 가지고 있는 것은 공격에 투입해야 한다"라는 것을 전제로, 하천 연안의 대전차對戰車 장애물 설치, 광범위한 지뢰 사용과 같은 방위시책 외에 쾌속 부대를 편합編合(새로 편성된 부대나 기존의 부대를 합쳐서 더욱 큰 부대를 만드는 것)하고 그들을 불러오기 위해 도로와 철도망을 정비한다는 기술이 있다. 또한 서방 작전 종료 후 동프로이센과 점령 하의 폴란드로 향할 예정이었던 제18군 사령부에도 이에 따른 지시가 내려졌다.

제18군 개진훈령

1940년 6월 26일, 동부로 이동하고 그 지역에서 15개

보병사단을 휘하에 두는 군을 편성編成하라는 지령이 제18군 사령부에 내려졌다. 그로부터 3일 후 제18군의 임무는 소련 및 리투아니아에 대한 동부 국경방위라는 훈령이 내려졌다. 훈령에는 산San강과 바익셀Weichsel 강(현재 폴란드령인 비스와Wisla강은 러시아어로 비슬라Visla, 영어로는 비스툴라Vistula, 독일어로는 바익셀Weichsel이다-역주)을 잇는 선과 동프로이센 국경에서 적을 저지하고 증원군의 도착을 기다려 반격에 나선다는 구체적인 지시도 포함하고 있었다.

하지만 이때부터 할더는 공세방어에서 한발 더 나아가 소련을 토벌해야 한다고 생각하기 시작했다. 7월 3일 할더는 육군 총사령부 작전부장 그라이펜베르그Hans von Greiffenberg 대령에게 대소전쟁 검토를 지시했다. 두 사람 모두 소련을 타도하면 영국이 전쟁을 계속할 의지를 상실하지 않을까 하는, 히틀러와 같은 희망을 품고 있었다.

다음 날 4일 할더 육군 참모총장은 제18군 사령관과 참모장에게 리보프L'vov(현재 리비우L'viv) 동방 및 남부 리투아니아와의 국경 부근에 소련군의 대규모 병력이 집결했음을 알리고 공세 계획을 기안하도록 명했다. 이 지시에 따라 작성된 초안은 5일 후 할더에게 제출되었

고, 그의 승인을 얻어 7월 22일 '제18군 개진改進 훈령'
으로 발령되었다. 이 훈령은 소련과 분쟁이 발생할 경
우, 제18군은 증원군 도착까지 국경을 지킨 후 산강 상
류부와 동프로이센에 병력을 집중하고 공격으로 전환
하여 소련군의 공세 준비를 좌절시키는 것이었다.

　하지만 제18군 개진 훈령에는 문제가 있었다. 여기에
는 '소련과의 분쟁'이 단순히 독일 침공만이 아니라 발
칸 방면, 특히 루마니아에 위협이 미칠 경우도 포함되
어 있었다. 이는 소련이 독일의 사활이 걸린 중요한 루
마니아에 손을 댄다면, 독일은 적극적으로 전쟁을 일으
키겠다고 분명히 말하는 것과 같았다. 당시 국방군 전
차와 항공기를 비롯한 근대 장비 대부분은 루마니아가
생산하는 석유로 움직이고 있었다. 따라서 할더는 공세
방어의 방침을 고쳐서 루마니아의 석유를 지키기 위해
서는 대소전쟁도 불사해야 한다고 판단했다.

　이렇게 판단한 배경에는 소련군 실력을 과소평가한
이유가 있기 때문이라고 생각한다. 7월 21일 개최된 히
틀러와의 회담에서 육군 총사령관인 브라우히치는 소
련과의 전쟁 가능성과 작전계획을 보고했다. 이때 브라
우히치는 소련군이 사용할 수 있는 우량사단은 50~70

개 사단 정도로 예상되기 때문에 작전에 필요한 것은 독일군 80~100개 사단 정도라고 말했다. 독소전쟁의 경과를 아는 우리가 믿기 어려운 예상이었다. 하지만 이것이야말로 독일 국방군의 당시 인식이었다.

이리하여 국방군, 그중에서도 육군 수뇌부는 소련과의 전쟁으로 기울고 있었다. 7월 25일 제18군 전시일지에는 소련이 독일과 영국의 전쟁을 기회로 삼아 루마니아를 점령했을 경우, 전쟁을 일으킬 수 있다는 전제로 이를 저지하는 대책 세 가지를 적고 있다. 첫 번째 대책은 독일군을 진군시키고 그 압력으로 소련이 물러나게 한다. 두 번째 대책은 목표와 수단을 한정하는 전쟁을 일으켜서 소련이 양보하도록 강요한다. 세 번째 대책은 '모스크바로 진군', 즉 소련과의 전면 전쟁이었다.

이상과 같은 경위를 살펴보면, 할더를 비롯한 독일 육군 참모들이 소련의 위협에 대응하는 대책을 세우는 가운데 소련 침공도 불사한다는 의견을 굳혀갔음을 알 수 있다. 그들은 전후의 증언과는 반대로 히틀러가 개전을 결의하고 명령을 내리기 이전부터 소련 침공을 준비하기 시작했다.

3. 작전계획

마르크스 플랜

1940년 7월 21일 회담 후, 브라우히치에게 총통도 소련과의 전쟁을 고려하고 있다고 전해 들은 할더 육군 참모총장은 즉각 기본계획 확립에 착수했다. 작전부, 동방 외국군과, 군사지리부 과장에게 작업을 지시하고 26일과 27일에 동방 외국군과, 작전부에서 각각 보고를 받았다. 주목해야 할 것은 이러한 초기 단계부터 침공 지역의 남과 북, 어디에 중점을 둘 것인지를 놓고 의견이 나뉘었다는 점이다. 한쪽에서는 그라이펜베르그 작전부장이 남방에 강력한 군대를 배치해야 한다고 주장하였고, 이에 대해 할더는 북방부대가 모스크바를 공략한 후 남부로 선회하여 우크라이나에 있는 유력한 소련군 부대를 배후에서 공격하는 방안을 주장했다. 하지만 할더 주장대로 움직인다면 실시 부대의 진격 거리는 약 1,600킬로미터나 된다. 서전緖戰의 빛나는 승리가 안겨준 과도한 자신감과 비현실적인 상정이라는 악폐가 이미 작전계획에 스며들어 있었다.

그동안 히틀러도 결의를 다졌다. 29일에는 국방군 최

고사령부 통수막료부장 알프레드 요들Alfred Jodl 포병대장을 불러서 내년 5월에 소련을 공격할 수 있도록 준비하라고 비밀리에 명했다. 이어서 7월 31일에는 이미 살펴본 바와 같이 베르크호프 산장에서 소련이 분쇄되면 영국의 마지막 희망이 무너지고 독일은 '유럽과 발칸의 주인'이 되리라고 국방군 수뇌부에게 선고했다.

본회의 석상에서 히틀러는 일정한 영토를 차지하는 것만으로는 충분하지 않고 소련을 단번에 굴복시켜야 한다고 하면서 작전 지침을 내렸다. 키예프Kiev에서 드네프르Dnepr강 연안으로 돌진하는 한편, 발트 3국(라트비아, 리투아니아, 에스토니아-역주)을 거쳐 모스크바를 목표로 진격할 것. 두 부대가 남북으로 포위망을 완성한 후 바쿠Baku 유전지대를 노리는 국지적 작전을 수행할 것.

장대하기는 하지만 병참兵站(군사작전에 필요한 인원과 물자를 관리·보급·지원하는 일-역주)이나 『병요지지兵要地誌』(군사작전 상 필요한 지형·지세·기상 등을 조사하여 종합한 서책-역주) 측면에서 검토해보면 도저히 실행 불가능한 작전이었다. 그런데도 할더는 낙관적이었다. 할더는 히틀러가 침공 의지를 개진하기에 앞서 7월 29일에 제18군 참모장 에리히 마르크스Erich Marcks 소장을 불러서 독자적인 작전계획안을 짜도록 명했다. 마르크스 자신은 원래 그라이펜베르그와 마찬가지로 남방의 군사를 강화하는 편이 좋다고 보았다. 하지만 모스크바 탈취야말로 이 전쟁의 열쇠가 되므로, 최단 거리를 찾아 모스크바로 향해야 한다는 할더의 주장과 이어서 전달된 7월 31일 총통 지시를 받들어서 작전계획 작성에 임했다. 8월 5일과 6일에 걸쳐 할더에게 보고를 한 후 마르크스는 소련과의 전쟁 계획안을 제출했다. '동부작전 구상' 통칭 '마르크스 플랜'이다.

이 작전계획안은 드비나Dvina강 북부, 볼가강 중류 지역, 돈강 하류 지역을 잇는 전선을 도착 목표로 삼고, 식량과 원료 공급지인 우크라이나와 도네츠Donets강 유역, 군수생산의 중심지 모스크바와 레닌그라드(현재 상트페테르부르크Saint Petersburg)를 점령하게 되어 있었다. 마르크스는 할더의 희망을 받아들여 소련의 정치적·정신적·경제적 중추인 모스크바 탈취와 그에 따른 붉은 군대의 붕괴는 곧 소련 해체로 이어진다고 했다. 이러한 목적을 달성하기 위해 주공主攻(전략·작전·전술상의 목적을 달성하기 위한 공격)의 전선은 프리피야티Pripyat습지의 북쪽에 놓였다. 이 지역에는 양호한 도로망이 갖춰져 있어서 그것을 활용해 전투를 진행하는 것이 좋다고 판단했다. 이 주력이 볼가강 상류 지역에서 나오는 북부의 소련군을 섬멸殲滅하면서 모스크바를 점령한 후 남쪽으로 선회한다. 또한 주력의 북익北翼(익翼은 전선이나 진지, 군의 특정 부분을 나타내는 군사용어다. 예를 들면 아군이 봤을 때 전선의 오른쪽 부분은 우익右翼이고 북쪽 부분은 북익北翼이 된다)을 엄호하고 레닌그라드를 점령하기 위해 별도의 군대를 편성할 것도 정해두었다.

프리피야티습지 남쪽은 삼림이 적어서 전투에 유리하지만 도로가 빈약한데다 큰 드네프르강이 기동작전을 분명히 방해할 것으로 생각되므로 지공支攻(주공을 지원하기 위해 적의 병력을 견제하는 등 보조적 공격을 의미) 군대만 남겨둔다. 이것은 곧 남하해올 주력군과 협동하여 우크라이나를 점령한다. 이러한 일대 기동작전으로 적을 섬멸한 후에는 로스토프나도누Rostov-na-Donu(돈강 연안의 로스토프라는 의미. 모스크바 북동쪽에 같은 이름의 로스토프시가 있으므로 이렇게 호칭하여 구별함), 고리키Gorky(현재 니즈니노브고로드 Nizhni Novgorod), 아르한겔스크Archangel'sk를 잇는 선까지 총진격을 할 예정이었다.

마르크스는 상대인 소련군이 대러시아(유럽 러시아

European Russia 북동부의 역사적 호칭)와 동부 우크라이나의 진지를 근거로 방어에 전념하면서 공군과 해군으로만 공격해올 것이라고 예상했다. 구체적으로는 드비나강, 베레지나Berezina강, 프리피야티습지의 심층부, 푸르트 Prut강이나 드네스트르Dnestr강으로 이어지는 선을 사수하리라고 생각했다. 때에 따라서는 드네프르강까지 내려갈 수도 있었다. 다만 유럽 러시아의 심장부를 내어주는 것은 불가능하기에 그 선보다 뒤로 물러설 수는 없으므로 자연스럽게 그 정도 선에서 승부를 결정짓는 전투가 벌어지리라고 마르크스는 생각했다.

하지만 이 정도의 대작전을 도대체 어느 정도의 시간을 들여서 달성할 작정이었을까.

마르크스 플랜을 읽어보면 너무나 낙관적이어서 놀랍다. 우선 제1단계로 공세 시작선에서 약 400킬로미터의 지점까지 진출하여 소련군 주력을 격퇴하기까지 약 3주간, 이어서 진지대후방陣地帶後方의 삼림과 하천을 근거지로 삼은 적을 소탕하고 100~200킬로미터 전진하는 제2단계는 2~3주간 걸린다. 제3단계로 300~400킬로미터 진격하여 모스크바와 레닌그라드를 빼앗으려면 철도 복구, 부대 보급과 휴식 등도 고려해

마르크스 플랜

➤ 제1단계 400km 전진 (약 3주간)
➤ 제2단계 100~200km 전진 (2~3주간)
⇨ 제3단계 300~400km 전진
　　　　　　　　 (1~2주간 또는 3~6주간)
━━ 최종목표라인

0 ──────── 500km

핀란드

헬싱키
발트해
에스토니아
라트비아
리가
리투아니아
니멘강
비쳅스크
북부집단군
벨로루스
민스크
프리퍄티강
바르샤바
프리퍄티습지
리보프
남부집단군
프루트강
드네스트르강
키예프
우크라이나
오데사
드네프르강
하리코프
도네츠강
크림반도
세바스토폴
흑해
부가레스트
도나우강

레닌그라드
볼가강
스몰렌스크
모스크바
고리키
보로네시
돈강
스탈린그라드
로스토프나도누
쿠반강
돈강
볼가강
아르한겔스크

(출처) Barry A. Leach, German strategy against Russia, 1939-1941, Oxford:
Clarendon Press, 1973 수록 지도를 근거로 작성함.

야 하므로 3~6주간이 필요하다. 로스토프나도누, 고리
키, 아르한겔스크를 잇는 선의 서쪽 지역 모두를 점령

하는 것은 불가능하고 필요하지도 않다. 이 마지막 단계에서는 쾌속 부대나 보병사단을 철도로 수송하여 요지만 확보하면 그만이다. 여기에 3~4주간의 시간을 쓴다. 이렇게 계산한 결과 마르크스는 약간의 여유를 가진다 해도 총 9~17주간에 소련 침공 작전을 완수할 수 있다고 보았다.

자신의 능력을 과대평가하고 소련이라는 거인을 과소평가했다기보다, 멸시가 만들어냈다고 해도 과언이 아닐 정도로 방만한 작전계획이었다. 하지만 할더는 마르크스 계획안에 만족하고 기본적으로 그 구상을 받아들였다.

로스베르크 플랜

육군 총사령부 작전 입안이 준비됨과 동시에 국방군 최고사령부에서도 소련에 관한 작전 연구가 이루어지고 있었다. 1940년 7월 29일 히틀러에게 대소 개전 의지를 전해 들은 총수막료부장 알프레드 요들이 부하 베른하르트 폰 로스베르크Bernhard von Lossberg 중령에게 육군 총사령부와는 다른 시선으로 소련 침공의 문제점이 무엇인지 알아보도록 지시했다. 9월 15일 로스베르크는 '동부작전 연구'라는 제목의 보고서를 완성했다. 이 보고서에서 로스베르크는 소련군이 취할 만한 작전을 검토했다. 가능성으로는 다음 세 가지가 고려되었다. 첫 번째는 독일군이 개진할 때 공세를 시도한다. 두 번째는 남북의 양익을 발트해와 흑해에서 버티며 국경 부근의 진지를 고수한다. 세 번째는 국토의 안쪽 깊은 곳까지 퇴각하여 독일군이 기나긴 연락선을 유지 및 보급하기에 곤란을 겪을 때쯤 반격을 가하는 가능성이었다.

첫 번째 선택지는 소련군 지도부와 실시 부대 능력을 고려하면 일단 생각할 수 없다고 로스베르크는 판단했다. 숙청이라는 심한 타격에서 아직 회복하지 못한 소련군은 동프로이센과 폴란드 북부로 대규모 공세를 가할 힘이 없으리라고 생각했다. 가장 개연성이 높은 것은 두 번째 선택지일 것이다. 싸워보지도 않고 중요한 자원과 공업지대를 적에게 내줄 수는 없으므로 소련군은 조기에 주력을 투입할 것이다. 로스베르크는 결과적으로 국경 전투가 결전장이 되면 독일군이 유리한 조건으로 싸울 수 있다고 생각했다. 이 점은 마르크스도 마찬가지였다. 로스베르크에게 악몽은 소련군이 세 번째를 선택하는 경우였다. 일부 병력으로 독일군 공격을 막아내고 주력은 드비나강과 드네프르강이라는 큰 하천에 의지하며 강력한 방어진지를 구축한다. 로스베르크는 이것이야말로 가장 피해야 할 소련의 선택지라는 의견을 제시했다.

이러한 전제를 근거로 병력 배분을 계획하면서 주공의 전선이 프리피야티습지의 북쪽에 놓인 것은 마르크스 플랜과 일치한다. 다만, 로스베르크의 의도는 북쪽에 2개 집단군을 배치하고 남측 집단군에 쾌속 부대를 집중하여 모스크바로 돌진시키는 한편, 북측 집단군은 동프로이센에서 진격하여 소련군의 북쪽 날개를 잘라서 고립시키는 것이었다. 프리피야티습지의 남방에는 총 병력의 약 삼분의 일을 투입하여 폴란드 남부에서 동쪽 및 남동쪽으로 전진한다. 북쪽의 2개 집단군과 남쪽의 1개 집단군은 각각 전면에 있는 소련군을 포착하고 격멸하는 한편, 프리피야티습지 동쪽에서 손을 잡고 모든 전선에 걸쳐 공격을 수행하도록 했다. 최종 목표로 삼은 것은 아르한겔스크, 고리키, 볼가강, 돈강을 잇는 선이었다.

로스베르크 플랜에는 프리피야티습지 북쪽에 북부집단군과 중부집단군, 남쪽에 남부집단군을 배치하여 공

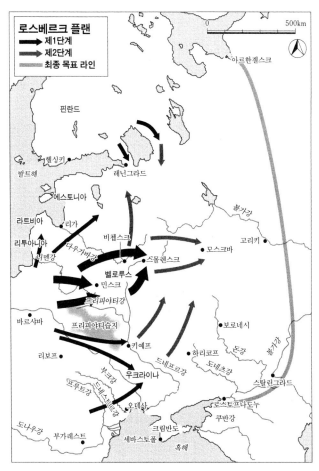

로스베르크 플랜
- ➡ 제1단계
- ➡ 제2단계
- ➡ 최종 목표 라인

500km

핀란드

헬싱키
발트해
레닌그라드
에스토니아
라트비아
리가
리투아니아
비쳅스크
다우가바강
스몰렌스크
모스크바
고리키
메멘강
벨로루스
민스크
프리퍄티강
바르샤바
프리퍄티습지
보로네시
리보프
키예프
드네프르강
하리코프
돈강
도네츠강
부크강
우크라이나
볼가강
스탈린그라드
프루트강
드네스트르강
오데사
로스토프나도누
쿠반강
도나우강
부가레스트
크림반도
세바스토폴
흑해
아르한겔스크

(출처) Barry A. Leach, German strategy against Russia, 1939-1941, Oxford: Clarendon Press, 1973 수록 지도를 근거로 작성함.

세한다는, '바르바로사' 작전으로 실현된 계획의 싹이 보인다. 로스베르크가 발트해 연안의 곤란한 지형을 전선에 두고 1개 집단군을 투입해야 한다고 한 것은 교통 문제 때문이었다. 작전 후반에는 병참兵站을 철도에 의지해야만 했다. 하지만 독일을 포함한 유럽의 궤간軌間은 표준궤standard gauge이고 러시아의 궤간은 광궤wide gauge이기 때문에 철도수송을 하기 위해서는 순차적으로 레일을 다시 설치해야 할 필요가 있었다. 당연히 엄청난 곤란이 예상되었다. 따라서 로스베르크 플랜에서는 발트해 연안의 여러 항구를 점령하여 해상 보급로를 확보함으로써 육로의 수송력 부족을 보완할 필요가 있다고 예상했다.

'바르바로사' 작전

1940년 9월 3일 할더는 마르크스 플랜 외의 작전안을 다듬어서 정리하도록 신임 육군 참모차장 프리드리히 파울루스Friedrich Paulus 중장에게 명했다. 파울루스는 훗날 제6군 사령관에 취임하고 스탈린그라드(현재 볼고그라드Volgograd)에서 어쩔 수 없이 항복을 하는 인물이지만, 당시에는 우수한 참모장교로 인정받고 있었다. 모스크바야말로 가장 중요한 목표라는 할더의 지시를 염두에 두고 작전안과 병력 배분의 세세한 조사에 착수한 그는 마르크스 플랜에서는 총 예비에 편입되어 있던 사단군 대부분을 각 집단군에 배분했다. 이 파울루스의 계획 초안은 10월 29일 할더에게 제출되었다.

이어서 파울루스는 계획의 실효성을 실험하기 위해 12월 2일, 3일, 7일 3회에 걸친 도상圖上연습을 실시했다. 2일과 3일의 도상연습에서는 민스크와 키예프를 잇는 선에 도착하기까지의 작전이 검토되었고, 그 결과는 즉시 계획 초안에 반영되었다. 남부집단군 주력은 지형의 곤란 등으로 고려하여 루마니아가 아닌 폴란드 남부에 배치한다. 중부집단군에는 민스크 부근의 포위전과 포위전 이후 장갑부대 돌진을 지원하기 위해 보병사단을 다수 배치한다. 북부집단군은 중부집단군의 왼쪽 날개를 엄호하면서 발트 3국을 점령한다(정확하게 3개 집단군은 에이A, 비B, 씨C와 같이 가칭이었지만 이해하기 쉽도록 실제로 채용된 '북부집단군' '중부집단군' '남부집단군'이라는 명칭으로 기술했다).

7일의 도상연습을 거쳐 로가체프Rogachev, 오르샤Orsha, 비텐부르크Wittenburg, 벨리키예루키Velikie Luki, 프스코프Pskovskoe, 페르노프Pernov를 잇는 선까지 도달한 후, 부대의 휴양 및 보충과 보급선 정비를 위해 약 3주간의 정지 기간을 두었다가 다시 모스크바 공략을 개시한다는 구상이 정해졌다. 이것은 개전한 후 40일째 일 것으로 상정되었다. 이러한 내용에서 알 수 있듯이 대소작전계획은 실제로 수행된 작전에 가까워져 갔다.

하지만 파울루스의 도상연습이 종료되기 직전인 12월 5일에 육군 총사령부의 작전 의도가 보고되었을 때 히틀러는 훗날까지도 문제시되는 판단을 내렸다. 모스크바 조기 점령은 할더가 주장하는 만큼 중요하지 않다면서, 중부집단군을 강화하고 대포위 섬멸전을 실행한 후 남과 북으로 각각 선회하여 발트 3국과 우크라이나에서도 적을 포위해 격멸한다는 구상을 지시한 것이다. 히틀러는 그 과정에서 소련군 주력이 사라지면 모스크바는 말할 것도 없고 볼가강과 고리키, 아르한겔스크까지도 차지할 수 있다고 말했다.

할더 육군 참모총장이 전후에 주장했던 것과는 반대로 육군 총사령부는 히틀러의 지시를 그대로 받아들여 작전 초안을 수정했다. 브라우히치와 할더를 호의적으로 본다면, 그들은 작전이 실행된 후 모스크바를 최우선 목표로 삼도록 총통을 설득할 수 있다고 가볍게 생각했을지도 모른다. 하지만 이때, 여러 목적을 동시에 추구했다는 비판을 종종 받는 '바르바로사' 작전의 결함이 계획에 포함된 것은 분명하다.

　어쨌든 육군 총사령부의 작전 초안은 수정되었고 12월 18일에는 앞서 말한 총통지령 제21호가 발령되었다. 그 첫머리에는 "독일 국방군은 대영對英 전쟁 종료 이전 단계라도 소비에트 러시아를 신속히 타도하기 위한 준비를 해야 한다(바르바로사 1건)"라는 유명한 문장이 적혀있다. 이어서 1941년 1월 31일에는 구체적으로 작전의 자세한 사항을 지시한 '바르바로사 작전 개진 훈령'이 하달되었다. 훈령은 모스크바가 목표인지, 아니면 모스크바 이외가 목표인지 우선순위가 애매했다. 또한 실시 부대는 지나친 부담을 짊어졌고 병참도 곤란한 여러 결함을 안고 있었다.

　그런데도 히틀러는 소련군 따위는 가볍게 격멸할 수 있으니 그런 문제가 표면화될 리는 없다고 확신했다. 가령 1940년 12월 5일 국방군 수뇌부와의 회담에서 소련군은 장비, 병력, 특히 지휘 측면에서 독일군에 비해 열등하니 지금이야말로 동부 전쟁 절호의 기회라고 말하면서 소련군은 일단 타격을 받으면 1940년 프랑스 이상으로 무너질 것이라고 발언했다. 또한 할더 이하의 참모장교도 전후 주장과는 정반대로 소련군을 질적으로나 양적으로나 과소평가하고 대소전쟁에 관해서도 낙관적인 판단을 했다.

하지만 이제까지 살펴본 바와 같이 '바르바로사' 작전은, 과연 유럽 러시아의 점령이 스탈린 체제 와해로 이어질 수 있을지, 한차례 또는 여러 차례의 전투로 소련군 주력을 격멸할 수 있을지, 길고 긴 거리에 걸쳐 기동력을 유지하기 위한 병참 태세를 구축할 수 있을지 등 여러 문제를 신중하게 검토하지 않은 채 입안되었던, 순수하게 군사적 차원에서 생각해도 허술하기 짝이 없는 계획에 불과했다. 독일 장군과 참모는 적의 동정을 냉정하게 판단하는 전문가다운 면도 부족했다.

그 결과 히틀러와 독일 국방군은 소련군을 '진흙으로 만든 머리 나쁜 거인'이라고 굳게 믿은 채 인류역사상 최대 규모의 전쟁에 돌입하고 만다.

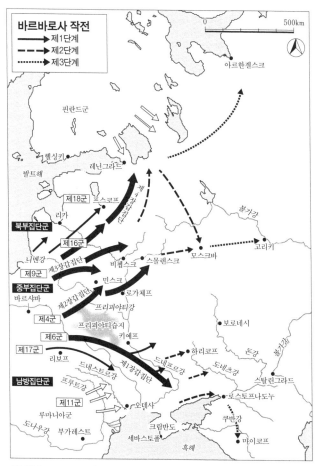

바르바로사 작전
제1단계
제2단계
제3단계

500km

아르한겔스크

핀란드군

헬싱키
레닌그라드
발트해
제18군 프스코프
리가
북부집단군
제16군
니멘강 제3장갑집단
제9군 비쳅스크 스몰렌스크 모스크바
중부집단군
바르샤바 제2장갑집단 민스크 로가체프
제4군 프리퍄티강
프리퍄티습지
제6군 키예프
제17군
리보프 제1장갑집단 드네프르강 하리코프
드네스트르강
남방집단군 프루트강
제11군 오데사
루마니아군
도나우강 부가레스트 크림반도
세바스토폴 흑해

볼가강
고리키
보로네시
돈강
볼가강
도네츠강
스탈린그라드
로스토프나도누
쿠반강
마이코프

(출처) Barry A. Leach, German strategy against Russia, 1939-1941, Oxford: Clarendon Press, 1973 수록 지도를 근거로 작성함.

2장
패배를 향한 승리

1. 대패한 소련군

경이로운 진격

　6월 22일 정오가 되기 직전, 라디오에서 몰로토프가 연설한다는 보도가 있을 때는 심장이 멈출 것 같았습니다. 독일이 공격해왔다는 생각이 들었기 때문입니다. 저와 다른 아이들은 바로 큰길로 나가 뛰어갔습니다. 강력한 라우드스피커loudspeaker가 설치되어 있었고 사람들은 벌써 모여 있었습니다. 모두가 숨죽이고 뱌체슬라프 몰로토프가 무엇을 말할지 기다리고 있었습니다. 이윽고 몰로토프의 발표가 시작되었습니다. "오늘 오전 4시 발트해에서 흑해에 이르는 모든 전선에서 독일군이 국경을 넘어 전진하고 있다"라는 것이었습니다. (중략) 처음에는 완전히 침묵이 흐를 뿐, 말 그대로 개미 소리 하나 들리지 않을 정도였습니다. (중략) 제가 사는 동네로 돌아오니 그곳에서도 많은 여자가 울고 있었습니다. 모두 징병 연령에 속하거나 이미 군에 가 있는 아들이 있었기 때문입니다.

　당시 소년이었던 한 스몰렌스크Smolensk 시민이 회상한 그날은 유럽 러시아의 여러 지역이 화창하고 맑은 축복받은 일요일이었다. 이 일이 없었다면 찬란한 초여름의 하루였을 1941년 6월 22일 오전 3시 15분, 나치 독일은 소련을 향한 침공을 시작하였다. 총 병력은 약 330만 명. 이와 같은 대군이 발트해에서 흑해까지 거의 3,000킬로미터에 달하는 전선에서 일제히 공격을 시작한 것이다.

이미 앞에서 '작전계획'을 살펴본 바와 같이, 동부전선의 독일군, 즉 '동부군'은 북에서 남으로 북부집단군, 중부집단군, 남부집단군 3개로 나뉘어 있었다.

이쯤에서 당시 독일군 편성 단위를 알아보도록 하자. 작전의 최소단위는 병사 약 18,000명으로 구성된 '사단'이었다. 사단 2~4개를 조합하면 '군단'이고, '군'은 군단 2~4개를 지휘하였다. 또한 군 3~4개가 상급 지위 단위인 '집단군' 휘하로 들어갔다.

다만 독일군 타격력의 중핵인 쾌속 부대는 별도로 장갑사단이나 자동차화보병사단 2~3개를 모은 '자동차화군단'(나중에 '장갑군단'으로 개칭)이 편성되었다. 이들을 지휘하는 상부 조직이 '장갑집단'(장갑사단과 자동차화보병사단 등을 편합한 단대團隊)이다. 실질적으로는 '군' 규모의 단대이지만 자체적인 보급 추송 기관이 없어서 가장 가까운 군에 의지해야 하는 단점이 있으므로 1941년 말부터 1942년에 걸쳐서 '장갑군'으로 개편되었다.

한편, 소련군은 복수의 사단을 편합編合하여 '군'으로 삼는 것이 보통이었다. 복수의 군을 휘하에 두는 지휘 단위가 '전선군front'이다. 전차사단 등의 기동 전력은 기계화군단에 편합되어 전선군에 직속했다. 독소 개전 당시 양 군대의 전투서열은 아래의 〈표 2〉를 참조하길 바란다.

서전에 있어서 독일군의 진격은 경이로워서 얻은 전과戰果도 막대했다. 우선 독일 공군은 스탈린이 경계 조처를 하는 것마저도 허락하지 않은 채 국경지대에 배치되어 있던 소련 공군을 기습하는 데 성공하여 지상 또는 공중에서 다수를 격파함으로써 항공의 우세를 차지하였다.

육지에서는 북부집단군이 발트해 연안 지역으로 맹렬히 돌진하여 개전 5일째에 라트비아 수도이자 중요한 항구인 리가Riga 시내까지 돌입했다. 중부집단군, 그중에서도 선봉이었던 제2·제3 장갑집단의 진격도 거의 개전 일주일 만에 소련 영내 400킬로미터 지역까지

〈표 2〉 개전 당시 독일군과 소련군의 전투서열

추축군
좌 노르웨이 독일군
핀란드군
북부집단군
├ 제16군
├ 제18군
└ 제4장갑집단

중부집단군
├ 제4군
├ 제9군
├ 제2장갑집단
└ 제3장갑집단

남부집단군
├ 제6군
├ 제11군
├ 제17군
├ 제1장갑집단
├ 루마니아 제3군
└ 루마니아 제4군

소련군
북부전선군
├ 제7군
├ 제14군
├ 제23군
├ 제1기계화군단
└ 제10기계화군단

북서전선군
├ 제8군
├ 제11군
├ 제27군
├ 제3기계화군단
├ 제12기계화군단
└ 제5공정空挺군단

서부전선군
├ 제3군
├ 제4군
├ 제10군
├ 제6기계화군단

├ 제11기계화군단
├ 제13기계화군단
├ 제14기계화군단
├ 제17기계화군단
├ 제20기계화군단
├ 제4공정군단
└ 제13군(사령부만)

남서전선군
├ 제5군
├ 제6군
├ 제12군
├ 제26군
├ 제4기계화군단
├ 제8기계화군단
├ 제9기계화군단
├ 제15기계화군단
├ 제16기계화군단
├ 제19기계화군단
├ 제22기계화군단
├ 제24기계화군단
└ 제1공정군단

남부전선군(6월 25일 편성)
├ 제9군
├ 제18군
├ 제2기계화군단
├ 제18기계화군단
└ 제3공정군단

붉은 군대 대본영 예비
├ 제16군
├ 제19군
├ 제20군
├ 제21군
├ 제22군
├ 제24군
├ 제5기계화군단
├ 제7기계화군단
├ 제21기계화군단
├ 제25기계화군단
└ 제26기계화군단

(출처) David M. Glantz/Jonathan M. House, When Titans Clashed, revised and expanded edition, 2015, p. 35에서 작성함.

돌입할 정도로 대단했다. 중부집단군은 동시에 소련의 서부전선군Zapadnyi front의 주력을 포위하여 격멸시키고 7월 초순까지 포로 32만 명을 잡았다.

이와 같은 거대한 승리에 히틀러와 국방부 수뇌부는 소련이 무서워할 만한 존재가 아니라는 자신들의 판단이 옳았다고 확신했다. 예를 들어 히틀러는 1941년 7월 4일에 "적은 이미 이 전쟁에서 진 것이나 마찬가지다. 전쟁을 러시아의 전차부대와 공군을 격파하고 시작할 수 있어서 기쁘다. 러시아는 이미 전력을 보충할 수 없다"라고 발언했다. 할더 육군 참모총장도 똑같이 "러시아 전쟁은 2주 안에 승리한다"라고 호언장담했다.

실정에 맞지 않았던 독트린

소련군이 이렇게 대패한 큰 이유는 반복하여 서술한 바와 같이 스탈린이 무수한 경고를 무시하고 경계 조치를 취하지 않았기 때문이다(국경지대의 레닌그라드, 발트, 서특별西特別, 키예프특별, 오데사Odessa의 각 군관구軍管區에 전투준비를 명한 것은 개전 전날인 6월 21일이었다). 하지만 작전과 전술 차원에서는 소련군의 독트린doctrine이 1941년 6월 22일에 발생한 상황과 전혀 맞지 않았던 것이 훨씬 심각한 이유였다.

이 문제를 논하기 전에 군사용어로 사용되는 '독트린'이란 무엇인지 전쟁사·용병사상사를 연구하는 가타오카 데쓰야片岡徹也의 정의를 인용하고자 한다. "독트린은 군사행동 지침이 되는, 공인된 근본적인 원칙이다. 즉 독트린은 편제編制(주로 부대의 구성을 의미한다)와 장비, 교육훈련과 지휘방식, 전투 진행방식의 토대가 되는, 군 중앙부가 편찬編纂(개발)하고 인가한, 해당 군대에 공유화되는 사상을 말한다." 다시 말해 독트린은 군대의 존재 방식, 작전과 전투 수행을 규정하는 기본원칙이라 할 수 있다.

그렇다면 독소 개전 당시 소련군 독트린은 어떤 것이었을까.

러시아 내전과 외국 간섭이 끝나고 일단 평화를 얻었지만, 신생 소련 앞에 놓인 전략적 상황은 매우 어려웠다. 세계 최초 사회주의 국가는 여러 자본주의 국가, 즉 잠재적 적국에 둘러싸여 있어서 그들과의 전쟁은 피할 수 없다고 생각하고 있었다. 앞으로 다가올 전쟁은 단기간 결전으로 결정될지 아니면 장기간 소모전이 될지. 공세를 취해야 할지 방어에 치중해야 할지…. 붉은 군대 창설자들은 머리를 짜내서 열심히 그 답을 찾았다.

소련에는 다행스럽게도 이 시기 소련군은 알렉산드르 스베친Aleksander A. Svechin과 미하일 투하쳅스키, 블라디미르 트리안다필로프Vladimir K. Triandafillov라는 훌륭한 군사 사상가를 배출했다. 그들은 격렬한 논의를 반복하면서 전략과 작전을 연결한 '작전술'을 완성하였다(이 책 후반에 상세히 기술함). 또한 공세주의를 전략의 대원칙으로 선택하고, 그 수단인 작전 수행도 포병과 항공기, 기동 전력으로 적의 최전선에서 후방까지 동시에 제압하는 '종심전투' 이론을 만들어냈다.

이러한 사상을 반영하여 발포된 1936년 판 「붉은 군대 야전교령赤軍野戰敎令」을 보도록 하자. 이것은 당시 세계의 군사 관계자가 놀란 매우 진보적 내용을 포함하고 있었고, 독소 개전 당시 소련군도 이 교령에 따라 움직이고 있었다.

"공격은 모든 전투 자료의 협조에 따라, 동시에 적의 방어배치의 모든 종심縱深을 제압하는 주의主義에 따라 지도되어야 한다."(제164조) 또한 "현대에 있어 자료의 진보는 적의 전투부서의 모든 종심에 걸쳐 동시에 이것을 파쇄할 가능성을 부여했다. 신속한 병력이동과 기습적

적군야전교령(1936년판).

우회 및 퇴로차단으로 신속한 후방지대 점령은 점차 그 가능성을 증대했다"(제9조)라고도 설파되고 있다. 기계화부대야말로 이렇게 후방으로 기동하기에 안성맞춤이었다. "기계화병단機械化兵團은 전차, 자주포병 및 차재보병으로 구성되고 독립 또는 타 병종과 협동하여 독립 임무를 수행할 수 있고" "그 특성은 행동의 기동력과 강대한 화력과 위대한 타격력을 갖춘 점"에 있기 때문이다(제7조).

하지만 아무리 훌륭한 독트린이라고 해도 작전과 전술적인 환경과 맞지 않으면 그 기능을 발휘할 수 없다.

만약 대숙청이 없고, 작전을 구사하는 고급 장교와 현장 지휘를 담당하는 하급 장교가 건재했다면 소련군도 1938년 이후 제3차 5개년계획으로 충실해진 군비를 토대로 이 독트린을 잘 활용하여 독일군에게 큰 타격을 입혔을지도 모른다. 그러나 물론 그렇지 못했다.

독소 개전 당시 소련군 지휘관에게는 작전과 전술 능력 정도와 상관없이, 가령 방어전을 해야 하는 경우라도 반격을 결행하여 사태를 전환해야 한다는 원칙만이 습성화되어 있었다.

앞서 언급한 「적군야전교령」에는 "이동 방어를 할 때는 끊임없이 전개 중인 적에게 단절적인 타격을 가하거나 무모하게 전진하는 적을 요격하는 등 모든 좋은 기회를 이용하는 것이 중요하다"(제256조), "기계화병단 및 전략기병戰略騎兵(만일 존재한다면)의 일부는 적추격종대의 측면 및 배후에 타격을 가하기 위해 사용된다"라고 적혀있다. 일반적 원칙으로는 당연히 옳은 이야기다.

하지만 독일 침공을 받은 시점의 소련군은 이러한 반격이나 역습을 수행할 수 있는 숙련도에 이르지 못했고 장교의 지휘 능력도 빈약했다. 또한 전차와 대포와 같은 전선 장비는 충실했지만, 이것이 기능하도록 하는 통신과 정비의 토대는 열악한 상태였다. 이러한 군대로 하는 반격은 적에게 피해를 주기는커녕 자멸적인 결과를 가져올 뿐이다. 실제로 전쟁 초반에 소련군은 결과적으로는 무모한 공격을 반복하면서 귀중한 기계화부대를 소모하면서 독일군에게 끌려갔다.

그러한 실례는 무수히 많지만, 여기에서는 대표적인 경우 하나를 살펴보기로 하자.

센노 전투

1943년 쿠르스크 전투 중에 있던 프로호로프카 전투를 사상 최대 전차전이라 평가하는 것은 전쟁사에 관심이 사람이라면 상식에 속한다. 하지만 냉전 종결과 소련 붕괴 후 기밀 해제된 문서를 근거로 한 연구가 진행되면서 현재는 '바르바로사' 작전 초기 단계에서 이미 대규모 전차전이 전개되었음이 밝혀졌고, 그 과정에서 참가 전차 수로는 프로호로프카를 능가하는 전투도 있었다는 것이 증명되었다.

센노Senno 전투도 그중 하나이다. 6월 22일 개전한 뒤 독일 중부집단군은 압도적인 기세로 동진하고 있었다. 애초 방어를 맡고 있던 서부전선군의 주력을 격파당한 소련군으로서는 전선 구축을 위해 모스크바로 향하는 도로의 요충지 스몰렌스크 전면으로 동원해둔 예비군을 투입할 수밖에 없었다. 하지만 이렇게 방어선을 안정시키려면 시간이 필요했다. 시간을 벌기 위해 서부전선군이 지휘하던 제5기계화군단과 제7기계화군단을 이용해 반격을 실행하도록 결정했다. 두 군단이 저격사단(소련군 중 전통적인 보병사단의 호칭)들이 아슬아슬하게 늘어선 전선을 출격 진지로 삼아 반격을 시도하려 했다.

당시 소련군에서는 양 군단 모두 최강부대 범주에 속했다. 하나의 기계화군단에는 전차사단 2개, 자동차화저격사단 1개, 오토바이연대 1개, 기타 지원부대 다수로 구성되어 있고, 이들 휘하의 사단은 수적으로는 독일군의 장갑사단 이상의 전력을 소유하고 있었다. 제7기계화군단의 지휘를 받던 제14전차사단을 예로 들면, 총 전차 252량을 보유했고, 게다가 그중 29량은 신형 T-34전차, 29량은 KV 중전차重戰車였다.

다만 이 강대한 장갑병단을 이끄는 지휘관의 자질은 다소 우려되는 부분이었다. 두 기계화군단의 군단장은 모두 혁명 이후 일개 병사로 적군에 입대하여 내전 중에 하사관에서 하급 장교로 단계를 밟아 진급한 군인이었다. 그중 제5기계화군단장은 1939년 노몬한 Nomonhan 전투에서 전차사단을 이끌었고, 독소 개전 전에 제17전차사단장을 맡았던 경력을 가지고 있었다. 하지만 제7기계화군단장은 대규모 기계화부대를 지휘했던 경험이 전혀 없었다. 이와 같은 미숙함과 연성練成 (몸과 마음을 단련함-역주) 부족이 걱정스러운 것은 군단장만이 아니었다. 센노 전투에 관한 새로운 연구에 따르면, 독소 양군의 군사령관, 군단장, 사단장의 평균연령을 비교했을 때 소련군 쪽이 열한 살 정도 젊었다고 한다. 이러한 연령차가 대숙청으로 인한 소련군의 인재부족 때문이라는 것은 두말할 필요도 없다.

자멸하는 공격

더욱이 반격을 실행하는 서부전선군의 팀워크는 다름 아닌 소련군 최고사령관에 의해서 갈기갈기 찢겨 있었다. 스탈린은, 서전에서 패한 것은 서부전선군의 고급지휘관이 적과 내통했기 때문이라는 날조를 통해서 희생양을 만들어냈다. 6월 30일에는 서부전선군 사령관 드미트리 G. 파블로프Dmitry G. Pavlov 상급 대장을 해임하고 모스크바로 소환하여 '인민의 적'으로 몰아 처형했다. 전선군 공군사령관 대리, 전선군 포병부장, 전선군 통신부장 등도 이어서 체포되었다. 이러한 상황에서는 누구나 의심중에 빠져 전우조차 믿지 못하게 되어도 이상할 리 없었다.

7월 5일 서부전선군은 맞상대인 독일 제2장갑집단의 우익과 좌익 사이에 생긴 틈으로 제5기계화군단과 제7기계화군단을 파견했다. 하지만 이러한 행동은 대숙청 후 소련군에 내재해 있던 결함이 드러나는 계기가 된다. 계획대로 두 기계화군단이 공격 준비를 할 수 없었다. 서류상으로 제7기계화군단은 1,000량이 넘는 전차를 보유하고 있었다. 그렇지만 도시 방어에 전차 20량, 저격사단 지원에 40량, 군사령소 방위에 1개 전차대대의 병력을 분산하고 있었기 때문에 공격 당일에 집결한 전차는 전체의 절반 이하인 448량에 불과했다. 또한 손상을 입은 차량을 회수할 수단도 매우 적은 수여서 막상 전투에 돌입하자 손상 차량 대부분을 전장에 버려둘 수밖에 없었다. 한편 제5기계화군단도 결집이 늦어져 보급 부대 대다수가 도착하지 못했다. 게다가 두 군단 모두 무선장비가 열악하여 통신 연락을 하기에 매우 곤란했다.

서전의 대패는 소련군에게 막대한 인적·물질적 피해를 주었다.

　말하자면 센 주먹은 가졌지만, 하반신이 빈약한 소련 기계화군단의 공격은 참담한 결과로 끝났다. 공격 개시 다음 날 7월 6일에 목표인 교통 요충지 센노를 점령하기는 했지만, 앞에서 언급한 사정 때문에 전력을 분산시켜버린 두 기계화군단은 독일군에게 쉽게 저지당해 버렸다. 결국 7일부터 9일까지 독일군의 반격을 받은 제5기계화군단과 제7기계화군단은 포위의 위험에 빠져 후퇴를 할 수밖에 없었다. 11일 시점에 제7기계화군단은 전차 390량, 제5기계화군단은 전차 366량을 상실했다.

　전후, 소련 역사연구는 방위선을 재구축하기 위한 귀중한 시간을 벌었고 침략자에게 막대한 손해를 입혔다며 센노 전투에서의 붉은 군대를 칭찬해왔다. 하지만 이러한 평가는 정치적인 왜곡일 뿐 아니라 군사적으로도 센노의 반격은 독일군의 작전을 지체시키는 것마저

할 수 없었다.

　독소전쟁 초기에 소련군은 센노 전투가 상징하듯이 공격 편중의 독트린을 고수하고 지휘관의 능력, 병참, 정비, 통신이라는 여러 결함을 무시한 반격을 하여 스스로 무너졌다고 할 만큼 크나큰 손실을 보았다. 스탈린이 경계 조치를 하지 않고 기습을 받은 것과 같은 정도로, 아니 그 이상으로 이러한 실패가 서전의 대패를 초래한 이유였다고 할 수 있다. 소련군은 양적으로는 어떻든 간에 질적으로는 대숙청의 깊은 상처에서 회복되지 못하였다.

　초래한 재앙은 무시무시한 것이었다. 독일 중부집단군의 공격을 받은 소련 서부전선군은 개전 당시 62만 5천의 병력이 있었지만, 7월 9일까지 41만 7,729명의 전사자, 부상자, 포로가 발생했고 전차 4,790량을 잃었다. 북서전선군Severo-zapadnyi front도 같은 시기에 총 병력 44만 중에서 8만 7,208명을 잃었다. 하지만 이것은 아직 시작에 불과했다. 독소전쟁 동안 소련군 장병은 약 570만 명이나 포로가 되었기 때문이다. 그들이 나치즘의 '세계관' 때문에 겪은 비참함에 관해서는 다음 장에서 기술할 예정이다.

2. 스몰렌스크의 전환점

'전격전'의 전설

그렇지만 소련군에게 궤멸적인 타격을 준 것은 질적 열세만이 아니었다. 상대인 독일군이 당시로서는 탁월한 전투 방식인 '전격전電擊戰'을 실시했던 점도 물론 간과할 수 없다.

일반적으로 역사서 등에서는 때때로 '전격전'이란 전차와 항공기를 집중시켜 전선을 돌파하여 적군을 포위하는 전법이라고 설명한다. 표층적으로는 틀리지 않지만, 본질을 애매하게 만드는 정의라 할 수 있다. 이미 서술한 바와 같이 본래 '전격전'을 규정하는 독트린 따위는 독일군에게 없었다. 이에 대해 1940년 서방 작전 연구의 고전 『전격전의 전설Blitzkrieg-Legende』을 저술한 독일의 군사사 연구자 칼 하인츠 프리저Karl - Heinz Frieser는 '전격전'이라는 단어 자체가 제2차 세계대전 전반기에 있었던 일련의 전투 중에서 외국 저널리스트나 프로파간다 당국이 사용하기 시작한 것일 뿐, 군사 용어가 아니라고 설명한다.

그렇다면 1940년 베네룩스 3국과 프랑스의 침공,

1941년 헝가리 작전과 대소전쟁 초반에 맹위를 떨친 독일군 작전과 전술의 핵심은 어떠한 것이었을까.

많은 군사사 연구자는 '전격전'의 기원은 제1차 세계대전 중 완성된 '침투 전술'에 있다고 말한다. 이것은 기관총, 화염방사기, 대형수류탄 등으로 무장하고 자주적이자 독립적으로 행동할 수 있는 지휘관이 통솔하는 '돌진부대'가 적진지에 돌입한 후 그대로 돌진하여 지휘, 통신, 병참 상의 요점을 복멸시킴으로써 상대의 항전 능력을 마비시키고 후속 통상부대에 남아있는 적의 부대를 격멸시키는 전술이다. 제1차 세계대전 말기에 독일군은 이러한 전술을 작전 차원으로 확장하여 '돌진' 부대로 지정한 사단이 적의 진지를 잠식하고 이로 인해 혼란스러워하는 적을 통상사단으로 격멸하는 방책도 구사했다.

이 침투 전술은 근대 이후 거대화되면서 신속하고 충분한 통신과 보급 능력을 필요로 하게 된 군대의 약점을 찌르는 전법이었다. 비유하자면, 아무리 거인이라해도 신경이나 혈관을 절단당하면 완력을 뜻대로 쓸 수 없게 된다. 군대도 마찬가지여서 통신선과 보급선이 잘리면 **병력**으로서는 존재할지언정 **전력**으로서 유기적

독일군 장갑부대의 '돌진'을 받아 후퇴하는 영국 대륙파견군.
1940년 됭케르크Dunkirk.

인 기능은 할 수 없게 된다.

이러한 용병 사상을 이어받은 독일 국방군이 전차와 항공기를 응용하여 좀 더 강력한 효과를 얻으려 했던 것이 '전격전'이라 불리는 작전 양태였다. 독일군은 전차와 항공기를 위해 새로운 독트린을 개발한 것이 아니라 시대를 앞선 용병 사상에 전차와 항공기 같은 신시대의 장비를 적용했다. 즉, 제1차 세계대전의 침투 전술에서 사용한 돌진부대 대신에 장갑·자동차화보병사단을 이용하고, 적 부대의 격멸과 적지 점령은 역시 통상의 보병사단의 임무로 삼았다.

세계는 그 결과에 매우 놀랐다. 육군 대국인 프랑스를 비롯한 각국 군대는 독일군 장갑부대의 '돌진'으로 지휘와 보급의 기반 시설이 파괴되고, 그렇게 마비된 곳은 각개 격파당했다.

독소전쟁 서전에서 소련군도 예외는 아니었다. 하지만 만능 처방전이어야 할 '전격전'이 러시아의 대지에서는 반드시 결정타는 아니었음이 점차 분명해졌다.

러시아는 프랑스가 아니다

앞서 살펴본 바와 같이, '바르바로사' 작전 구상을 다듬어갈 때 히틀러와 국방군 지휘부는 어떤 한 부분에 대해서는 완전히 일치했다. 가능한 한 독소국경과 가까운 유럽 러시아 서부에서 소련군 주력을 격멸함으로써 내륙으로의 철수와 그곳에서의 저항을 불가능하게 만든다는 것이다. 예를 들면 로스베르크 플랜에는 "대소전쟁의 목표는 서부 러시아에 있는 소련의 대군을 격멸함으로써 전투 능력이 있는 부대가 러시아 내륙 깊숙이 철수하는 것을 저지하는 데 있다"라고 기술되어 있다.

극소수를 제외하고 대부분 독일군 장교들은 그다지 어려운 과제가 아니라고 생각했다. 1940년 프랑스군과 마찬가지로 소련군도 독일군 장갑부대에 의해 산산이 부서져 통신과 병참선이 잘리고 마비되어 후속 보병에게 손쉽게 격멸될 것이 분명했다. 전격적으로 프랑스를 이긴 그들은 자신의 능력을 과신하게 되었다. 또한 제1차 세계대전 서전에서 러시아 대군을 섬멸했던 타넨베르크Tannenberg 전투(1914년 제1차 세계대전 중 동부전선에서 독일과 러시아 간의 전투-역주) 이후 질적으로 우위라는 확신, 이른바 '타넨베르크 신화'도 독일 국방군 장교가 오만할 정도의 인식을 강하게 만드는 데 한 역할을 했다.

하지만 독일군 장병은 '바르바로사' 작전이 시작된 직후부터 러시아는 프랑스가 아니라는 사실을 깨닫게 된다. 지휘계통이 혼란스러워지고 보급로가 차단당해도 현장의 소련군 부대는 더욱 완강하게 전투를 계속해 나갔기 때문이다. 개전 첫날인 6월 22일 독일 제3장갑집단 전시일지를 보도록 하자. "적이 나타난 곳에서는 그들 모두 완강하고 용감하게 죽기를 각오하고 싸웠다. 어떤 지점에서든지 탈주병이나 항복하는 자가 있었다는 보고는 없다. 따라서 이 전투는 폴란드전이나 서방 전투보다도 치열할 것으로 보인다."

독일 중부집단군에 소속된 제43군단장 고트하르트 하인리치Gotthard Heinrici 보병대장도 가족에게 보낸 6월 24일 편지에 다음과 같이 썼다. "(소련병)은 프랑스인

보다도 훨씬 우수한 병사다. 매우 거칠고 치밀하면서 교묘한 계략을 아주 잘 쓴다."

사실, 포위된 채 남겨진 소련군 저항과 반격은 무시할 수 없는 수준이었다. 분명 그러한 공격은 모두 소규모이거나 산발적이어서 많은 경우 큰 손해를 보고 격퇴되었지만, 독일군은 그것에 대응할 수밖에 없었고 그만큼 진격은 늦어졌다. 더욱이 독일군 손해도 개별 전투에서는 그다지 크지 않은 정도였다고는 하지만, 끊임없는 사소한 분쟁이 쌓인 결과 도저히 간과할 수 없는 규모가 되었다.

이미 개전 3일째에 할더 육군 참모총장은 손해가 '견딜 만한 정도'라고는 하면서도 "장교의 손실이 매우 많다"라고 일기에 적었다. 이와 같은 어려움은 기동력 차이 때문에 장갑·자동차화 보병부대와 보병부대 사이 격차가 발생함에 따라 점차 확대되었다.

게다가 지형의 형세도 독일군에게는 불리하게 작동했다. '전격전' 가능 여부를 판가름 짓는 러시아의 도로는 독일군의 예상과 달리 너무도 열악했다. 프랑스처럼 사통팔달 포장도로는 물론이고 급유할 수 있는 자동차 교통용 주유소 시설도 거의 없었다.

독일 중부집단군에 소속된 또 다른 장갑집단인 제2장갑집단의 전투지구가 그 전형적인 상황이었다고 할 수 있다. 제2장갑집단은 기습적으로 독일과 소련의 국경이던 부크Bug 강에 놓인 여러 다리를 점령했지만, 러시아의 도로는 장갑부대의 대규모 종대縱隊 이동을 견뎌 내지 못했다. 제2장갑집단 휘하에 있던 제47장갑군단 단장은 중량급 차량 통행으로 인해 다리로 이어지는 도로가 말 그대로 습지에 빠져 버렸다고 보고하고 있다. 제2장갑집단의 우익에 있던 제24장갑군단도 배당받은 도로가 '궤멸적 상태'라서 거의 이용할 수 없었기 때문에 크게 정체가 발생한 결과, 89킬로미터 전진할 예정이었지만 18킬로미터밖에 움직일 수 없는 상태였다.

소모되는 독일군

이러한 현상들은 물론 종래 연구서에도 기술되어 있는 것이다. 하지만 독일군 전선부대 문서를 정밀히 검토한 호주 연구자 데이비드 스탈David Stahel은 한층 논의를 진전시켜서 '바르바로사' 작전 개시에서 7월 스몰렌스크 전투에 이르기까지 독일군은 표면적으로는 거듭 승리를 했지만, 전략적 타격을 주는 능력을 계속 잃어갔다는 획기적인 새로운 학설을 내놓았다(*Operation Barbarossa and Germany's Defeat in the East*, Cambridge: Cambridge University Press, 2009). 여기에서는 대체로 스탈의 연구에 따라 기술하고자 한다.

스탈에 따르면 '바르바로사' 작전 초기 단계에서 독일군의 전진은 놀랍게 보이지만 그들이 달성해야 할 전략목표로 본다면 오히려 불충분했다. 더욱이 서전에서 크게 승리를 했을 때도 독일군 손해는 대수롭지 않아 보였지만, 사실은 그것이 누적되면서 전략적 공세를 수행 불가능하게 만들 수도 있는 것이었다.

이러한 스탈의 관점에서 본다면, 중부집단군이 달성한 최초의 포위섬멸전과 6월 하순의 민스크 포위전도, 가령 33만 이상의 포로를 얻었다고는 해도 소련군 부대 대부분이 전투력을 유지한 채 동방으로 탈출하였고, 또한 발생해서는 안 될 손해를 입었다는 점에서 전략적으로는 '공허한 승리'라고 하겠다.

흥미로운 점은 전선에 있던 독일군 사령관들도 이러한 사태를 인식하고 초조함이 더해졌다는 지적이다. 여기에서는 제2장갑집단 사령관 하인츠 구데리안Heinz Guderian 상급 대장 사례를 인용한다. 전후의 회상록에

진격 중인 독일군 장갑부대.

서 그는 민스크 포위전이 대승리였다고 자랑하고 있다. 하지만 아내에게 보낸 1941년 6월 27일 편지, 즉 1차 사료에서는 "적은 용감하고 격렬하게 저항하고 있다. 그래서 전투는 굉장히 험난하다. 모두가 단지 그것을 견딜 뿐이다"라고 속마음을 토로하고 있었다. 이러한 인식은 이어서 스몰렌스크 전투를 하면서 베를린의 상층부에도 점차 공유되어 갔다.

어쨌든 독일은 국경 근처에서 소련군 주력을 격멸함으로써 모스크바 등 중요 지대를 지키는 소련의 전력을 빼앗는다는 소기의 목적이 달성되지 못했던 것은 분명했다. 그렇다면 독일군은 차선책으로, 소련군의 다음 방어선인 드비나와 드네프르라는 두 개의 큰 강을 되도록 빨리 건너고, 그곳에서 그들에게 결정적 타격을 가해야 했다. 적들이 견고한 진지를 구축하지 못하도록 타격력을 유지하고, 이번에야말로 진정한 의미의 포위섬멸전을 수행한다는 것이 독일 동부군에서 최대 병력을 보유한 중부집단군 수뇌부의 생각이었다.

하지만 그들의 휘하 부대는 이미 민스크 전투에서 소모되어 있었다. 6월 29일 시찰 보고에 따르면, 제3장갑집단이 보유한 전차 중 7월 2일까지 전투에 사용 가능한 것은 총수의 70퍼센트에 불과했다고 한다. 훨씬 혹사당하고 있던 제2장갑집단 소속 장갑사단의 경우는 더욱 심각했다. 며칠 후의 숫자이지만, 제2장갑집단의 7월 7일 전시일지에 따르면 제10장갑사단이 제일 상태가 좋아서 전투 가능한 전차는 보유수의 80퍼센트이지만, 제4와 제17장갑사단은 60퍼센트에 불과하고 제3장갑사단과 제18장갑사단은 불과 35퍼센트였다.

더욱이 전선의 화려한 전투만큼은 주목받지 못했지만, 정전政戰 수준에서는 중요한 의미가 있는 사태도 발생하고 있었다. 초기 단계부터 독일군 병참 기구는 제대로 작동하지 않았다. 이보다는 국경 전투에서 승부가 결정될 것이라 확신하던 독일군 수뇌부는 보급을 유지할 정도의 충분한 준비를 하지 못한 상태였다. 그 결과 독일군 부대들은 보급 부족에 시달렸고 그것을 충당하기 위해 약탈을 하기 시작했다. 앞서 등장했던 하인리치 장군의 탄식을 들어보자. 그는 이미 6월 23일 일기에 다음과 같이 적고 있다. "여기저기에서 우리 동지들이 짐마차를 찾아내고 그것을 농민들에게서 빼앗고 있다. 마을마다 동요와 실망이 일었다." 이렇게 독일군은 현지 주민의 증오 대상이 되어갔다. 마침내 그들 대부분은 파르티잔partisan(적의 배후에서 통신·교통 시설을 파괴하거나 무기나 물자를 탈취하고 인명을 살상하는 비정규군-역주)의 공급원이 되었다.

'전쟁에 이길 능력을 잃다'

어쨌든 전력부족과 불충분한 보급으로 곤란을 겪으면서도 독일 중부집단군은 다음 목표인 스몰렌스크를 향해 전진했다. 앞에서 언급한 센노 전차전이 일어난 것은 이때의 일이다. 앞서 살펴본 바와 같이 소련 기계화군단의 반격은 여러 가지 차질을 초래했고 완전히 실패했다. 그렇다고는 해도 소련군에게 아직 공세의 여력이 있다는 사실을 알았기 때문에 중부집단군은 좀 더

신중한 대응을 준비해야 했다.

독일군에게는 탐탁지 않은 사태였다. 진격은 계속되었지만, 개전 초와 같이 대단하지는 않다. 그것은 국내정치와 외교에도 영향을 주기 시작했다. 또한 전선前線의 인식도 점차 상층부로 전해졌다. 소련군을 멸시하던 히틀러조차도 중부집단군의 전진이 늦어졌다는 사실을 듣고서는 "러시아인은 강력한 거인"이라는 등 약한 소리를 할 정도였다.

기묘한 사태였다. 중부집단군은 소련군 저항과 반격을 분쇄하면서 스몰렌스크 주변의 소련군을 포위 섬멸하기 위해 전진하고 있었다. 하지만 그 진격 속도는 소련 타도라는 커다란 목표를 달성하기엔 너무 더디었고, 그렇기에 지급한 대가는 너무나 컸다. 덧붙여 말하면 당시의 제3장갑집단 전시일지에는 "전력戰力 소모는 얻은 성과보다도 컸다"라는 판단이 적혀있다.

그렇다고 해도 중부집단군의 2개 장갑집단, 제2장갑집단과 제3장갑집단은 돌진을 계속하여 7월 중순에는 남북에서 스몰렌스크를 협공해 소련 방위군 포위를 시도할 수 있는 상황을 만들었다. 표면적으로는 빛나는 진격으로 보였고, 당시의 외국 군사통이나 적지 않은

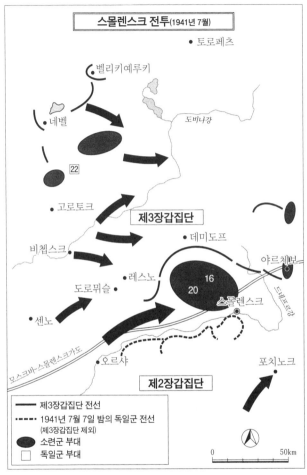

스몰렌스크 전투(1941년 7월)

토로페츠
벨리키예루키
네벨
도비나강
22
고로토크
제3장갑집단
데미도프
비쳅스크
야르체보
레스노
16
20
도로뮈슬
스몰렌스크
드네프르강
셴노
모스크바-스몰렌스크 가도
오르샤
포치노크
제2장갑집단

제3장갑집단 전선
1941년 7월 7일 밤의 독일군 전선
(제3장갑집단 제외)
소련군 부대
독일군 부대

0   50km

(출처) Bryan I. Fugate, Operation Barbarossa : strategy and tactics on the
Eastern front, 1941, Novato, CA : Presidio Press, 1984
수록 지도를 근거로 작성함.

후세 역사연구자들도 그렇게 생각했다. 그렇지만 내실은 형편없었다. 이 단계에서 보급은 이미 위기 상황에 빠져있었다.

앞서 언급한 바와 같이 소련 철도는 유럽 표준궤와 궤간이 달랐기 때문에 독일군은 이것을 표준궤로 바꿔야만 했다. 따라서 전선부대가 전진하면 할수록 철도로 실어 나르는 보급로와의 거리는 멀어질 뿐이었다. 이 격차는 자동차부대 수송으로 메우고 있었지만, 장갑부대가 적진 깊숙이 진격함에 따라 그들의 활동은 두드러지게 곤란해졌다. 더구나 독일군 장갑부대가 돌파 전진한 후에도 격멸되지 않고 살아남은 소련군 부대가 보급선 공격을 실행한 것도 간과할 수 없다. 이러한 여러 요인에 영향을 준 결과, 장갑부대의 기동력은 제한적으로 되어갈 뿐이었다.

예를 들어 제2장갑집단 병참부장의 7월 16일 전시일지에는 "특히 연료가 모자란 상태다. 보급물자는 드문드문 올 뿐이다. 철도 상황은 매우 좋지 않다"라고 기록되어 있다. 또한 자동차 수송을 지탱하는 부품도 부족하여 같은 전투일지에 따르면 예비 타이어는 필요량의 육분의 일밖에 없었다고 한다. 북쪽의 제3장갑집단도 비슷한 상황이어서 최선봉에 있던 제20장갑사단의 전시일지(7월 15일)에는 연료 소비의 급격한 증가를 우려하는 기술도 보인다.

또한 창끝 역할을 하는 장갑사단의 손해도 막대했다. 몇 가지 예를 들어보자. 제4장갑사단은 개전 초 전차 167량을 보유하고 있었지만, 7월 17일에 사용 가능한 것은 40량까지 감소했다. 제7장갑사단 경우는 전차 약 300량을 보유하고 있었는데 7월 21일 시점에서 그중 77량을 잃었고 120량은 수리 중이었다. 즉, 사용 가능한 전차는 약 삼분의 일까지 준 것이다.

스탈이 이러한 전황戰況에 관해 내린 평가는 그의 테제와 당시 독일군이 처한 곤경을 잘 보여준다.

독일이 대소전쟁에서 승리하기 위한 중요한 조건 중 하나로는 기동력 유지가 필요했다. 소련의 대군을 올가미에 걸어 깨부수기 위해, 대규모로 지속적인 저항력이 동쪽에서 지원되기 전에 공업과 경제의 중심지역을 충분히 점령해두기 위해서였다. 즉, 예전 독일군의 성공이 전형적으로 보여주었듯이, 신속한 속도로 작전을 수행하는 전술을 펼치려 했다. 병참 시스템의 결정적인 과중 부담, 장갑 및 자동차화보병사단의 피폐함은 워털루나 타넨베르트라는 역사적 사례에 비하면, 패배를 예상하기에 충분한 기준일지도 모른다. 하지만 그것은 근본적으로 최후에는 파멸을 초래하는 패배로 이어졌다. 독일이 '바르바로사' 작전에 실패한 것은 대전투에서 참패해서도 아니고 소련군이 선전해서도 아니다. 그들은 전쟁에 이기는 능력을 상실함으로써 실패했던 것이다.

숨겨진 터닝포인트

독일군은 분명 스몰렌스크를 둘러싼 전투에서 거듭 승리를 하고 있었다. 드네프르강 전선을 돌파한 제2장갑집단은 7월 16일 스몰렌스크를 점령했다. 한편, 북에서는 제3장갑집단이 습지와 구릉을 걸어서 돌파하며 남하하고 있었기 때문에 스몰렌스크 주변에 있던 소련 3개 군은 포위의 위기에 놓이게 되었다.

하지만 그사이에 필사적으로 예비군을 전진시킨 스탈린은 스몰렌스크 주변 아군을 구하고 그곳을 탈환하기 위한 대반격을 지시했다. 작전은 적군 참모총장대리 겸 국방인민위원(타국의 국방대신에 해당) 대리 게오르기 주코프Georgy Zhukov 상급 대장이 입안한 것이고, 4개 군이나 되는 대군을 투입할 예정이었다. 하지만 7월 23일 시작된 소련군의 반격은 여전히 준비 부족으로 스몰렌스크 해방이라는 소기의 목적을 달성할 수 없었고, 8월 상순에는 중지되었다. 그 과정에서 독일과 소련 양군 모두 큰 손해를 입었지만, 어느 쪽 피해가 컸는지 비교해보면 보충 능력이 열세인 독일군 쪽이라는 것은 자명한 이치였다. 이미 소모된 장갑부대가 또다시 약해진 것은 특히 곤란을 가중했다.

더구나 앞에서 살펴본 소련군의 반격은 스몰렌스크 주변에 있던 소련군 부대 탈출을 돕는 효과를 만들어냈다. 본래 소련군이 반격하기 이전부터 약해진 독일군은 그들의 후퇴를 완전히 저지할 수는 없었다. 7월 21일 중부집단군 사령관 페도어 폰 보크Fedor von Bock 원수 일기에는 "조종사들에게 강력한 적 부대가 포위진에서 동방으로 행군하고 있다는 보고가 있었다"라며 안타까워하는 기술이 있다. 이런 경향에 한층 박차가 가해진 것이다.

결국 독일군이 최종적으로는 스몰렌스크 포위전에 '승리'했고 약 25만 명의 포로를 얻었다. 하지만 포위전에서 도망친 부대가 새로운 방위선 구축을 돕게 된 것을 막을 수는 없었다.

이러한 전황을 이어받은 것인지, 7월 26일 보크가 쓴 일기의 분위기는 장대한 포위전을 수행하고 있는 집단군 사령관으로는 생각할 수 없을 정도로 어둡다. "많은 지점에서 러시아군은 공격으로 전환하고자 시도하고 있다. 그토록 심한 타격을 받은 상대가 그렇다는 것은 놀랄 만한 일이다. 그들은 터무니없을 정도의 물자를 가지고 있음이 분명하다. 이제는 야전부대가 적 포병의 두려워할 만한 위력에 관해 불평하기 시작했다. 러시아군은 또한 하늘에서도 공격적으로 되고 있다." 이렇듯 중부집단군이 8월 5일 종료했다고 선언한 스몰렌스크 전투는 독일군의 돌진력을 사실상 쇠퇴시켰다.

이러한 경위를 근거로 스탈은, 1941년 8월 시점에 이미 독일은 대소전쟁에서 패배할 운명이었다고 주장한다. 독일이 승리의 기회를 잡는 유일한 방법은 장갑부대의 기동전으로 수적으로 우세한 소련군을 격멸하고 붉은 거인의 국력이 발휘되기 전에 유럽 러시아의 주요 공업자원지대를 점령하는 것이었지만, 독일 국방군 실력으로 그것은 불가능한 일이었다. 비유해서 말하자면,

독일이 믿고 있던 예리한 검인 장갑부대는 '바르바로사' 작전을 발동한 직후부터 이미 칼날이 무뎌지고 있었다. 계속된 스몰렌스크 전투에서 독일군은 결정적으로 그 힘을 잃었다. 러시아의 도끼와 부딪힌 검은 깨지고 무뎌져서 적의 심장부에 치명적인 일격을 가할 능력을 상실하고 말았다.

이런 의미에서 스탈은 스몰렌스크 전투가 사실은 모스크바 전투, 스탈린그라드 공방, 쿠르스크 전차전에 견줄 만큼 중요한, 숨겨진 터닝포인트라고 논했다.

3. 최초의 패주

전략이 없는 독일군

1941년 7월 스몰렌스크 전투 종료 후, 독일군 지휘부 대다수는 국경 전투에서 소련군 주력을 궤멸시키고 파죽지세로 유럽 러시아의 요지를 점령하려는 계획이 틀어진 것을 느꼈다.

분명 민스크나 키예프에서 있었던 포위전, 또는 북부

집단군이 발트해 연안 지역을 석권할 즈음의 여러 전투에서 독일군은 적에게 큰 타격을 주기는 했다. 하지만 소련군은 섬멸되지도 않았고 질적인 측면은 차치하고서라도 막대한 수의 부대가 새로 편성되고 증원되어 차례차례 전선으로 보내졌다.

소련은 6월 말까지 예비역 530만 명을 소집했고 이후로도 계속 병력을 동원했다. 그 결과 6월 말에서 7월까지 13개 군, 8월에 19개 군, 9월에는 5개 군, 10월에는 7개 군, 11월에는 11개 군, 12월에는 2개 군이 새로 편성되었다. 독일군은 1941년 중에 소련군 20개 군을 격멸시켰지만, 이 또한 이미 보충되고 재편성되었다. 한편 동부전선에 있는 독일군의 3개 집단군은 개전부터 6주 동안 17만 9,500명의 병력을 잃었지만 보충된 것은 4만 7천 명뿐이었다.

또한 이즈음 서전의 빠른 진격은 예상과 달리, 독일군 장갑부대 대부분을 보급 가능한 범위를 훨씬 벗어난 상태에서 소련군의 반격을 받는 처지로 만들었다. 제3장갑집단을 예로 들면, 유럽 표준궤로 교체를 마친 가장 가까운 철도 단말에서 720킬로미터나 떨어진 데서 전투하는 처지였다. 더구나 측면 엄호와 남은 적의 소탕을 담당한 보병사단은 대부분 자동차화하지 못한 상태라서 도보로 진군할 수밖에 없었기 때문에 빠르게 진격한 장갑부대를 쫓아갈 수 없었다. 장갑부대는 공격해오는 소련군을 자력으로 대응해야만 했기에 더더욱 진격할 수 없었다. 7월 31일, 이러한 상황을 파악한 육군 총사령부는 중부집단군에 전진 중지를 명했다.

이제부터 어떻게 해야 할까. 히틀러와 독일군 수뇌부는 어려운 결단을 해야 했다. 단기 결전으로 승리를 얻을 수 있다고 낙관한 **대가**를 치러야 할 시간이었다. 그들은 개전 전에 어디를 공격해야 한다거나 어떤 상태를 만들면 소련이라는 거인이 쓰러질까 하는 진지한 고찰을 하지 않았다. 작전 차원 즉, 전장戰場에서 계속 성공하다 보면 승리를 얻을 수 있다고 굳게 믿을 뿐, 후방을 포함한 서로의 자원을 냉정히 계산하여 전략 차원에서의 우열을 계산한 전쟁 계획이 입안되지는 못했다. 하지만 독소 개전 이후 현실은 그러한 판단의 필요성을 요구했다.

히틀러는 전황이 심각하다는 인식이 여전히 불충분하던 1941년 7월 19일, 총통지령 제33호라는 형식으로 이후의 대소전쟁 구상을 제시했다(7월 23일 보충 지령이 하달되었다). 중부집단군에서 제2장갑집단을 빼고, 남부집단군 휘하의 제1장갑집단과 함께 소련에서 네 번째로 큰 도시인 하리코프Khar'kov(현재 하르키프Kharkiv)를 탈취하고 돈강을 건너 유전이 있는 코카서스 지방에 돌진한다. 또한 중부집단군에 소속된 제3장갑집단은 북부집단군으로 소속을 변경하여 모스크바와 레닌그라드 사이의 연결선을 차단하고 레닌그라드 주변 소련군 포위를 지원한다. 두 장갑집단이 빠진 중부집단군은 스몰렌스크 주변 전황을 안정시킨 후 보병부대만 모스크바로 진격하여 점령하도록 했다.

즉 북쪽의 레닌그라드와 남쪽의 코카서스를 향해 병력을 원심적으로 분산하고 모스크바를 다음 목표로 삼는 발상이었다. 수도야말로 결정적인 전략목표라고 생각한 육군 수뇌부는 총통지령 제33호는 말도 안 된다고 보았다. 할더 육군 참모총장은 7월 28일 일기에 다음과 같이 적었다. "다시 한번 이미 결정이 나버린 작전의 무의미함을(브라우히치 육군 총사령관에게) 개진했다. 그 작전대로 하면 병력 분산과 결정적 의미를 지니는 모스크바 방면의 정체를 초래하고 말 것이다."

독일 육군 수뇌부에게는 다행스럽게도 7월 31일, 히

틀러는 총통지령 제34호를 발포하여 이전의 지령인 제33호의 실행을 즉각 중지하라고 명했다. 그동안 중부집단군에 닥친 궁핍한 상황을 보고 히틀러도 낙관적인 작전안을 철회해야만 했기 때문이다.

그렇다고는 해도 여기에서 견해 차이가 크게 발생하는 데 주목해야 한다. 남부 러시아의 공업과 자원지대, 나아가 코카서스 유전이라는 경제적 목표를 중시하는 히틀러와 정치적·전략적 목표인 수도 모스크바의 탈취야말로 승패를 결정짓는다고 믿는 육군 간 대립이다. 이것은 '바르바로사' 작전 후반 전개에서 중요한 배경이 된다.

시간은 낭비되었던 것일까

8월에 들어서 전황은 이러한 대립을 한층 선명하게 만들었다.

중부집단군 방면에서는 8월 1일에서 6일까지 전투에서 제2장갑집단 전면에 있던 적 부대를 섬멸하는 데 성공한다. 이어서 9일부터 24일까지의 공격으로 제2장갑집단은 뒤쫓아온 보병 주체의 제2군과 협동하여 소련군의 방위 진지를 없앴다. 즉 제2장갑집단을 다른 방면으로 전용할 여유가 생긴 셈이었다.

한편 개전 이래 남부집단군은 드네프르강 서쪽에 있는 소련군의 철수를 막고 섬멸하기 위해 애쓰고 있었다. 소련군이 퇴각하지 않고 반격에 나섰기 때문에 8월 초에는 처음으로 포위격멸전에 성공한다. 패주하는 소련군을 추격한 남부집단군은 8월 24일까지 드네프르강 서방 지역 대부분을 점령했다.

이렇듯 전제조건이 갖추어졌기 때문에, 중부집단군 방면에서 제2장갑집단을 중심으로 하는 강력한 부대를 남진시켜서 우크라이나에 있는 소련군 배후로 우회하고, 전선에서 압박하는 남부집단군과 힘을 합쳐 협공하는 작전이 가능하게 되었다.

8월 21일 히틀러는 모스크바 진격을 우선해야 한다는 육군 총사령부의 진언을 무시하고 제2장갑집단을 키예프로 남진시키라고 지시했다. 이때 히틀러는 모스크바 점령보다 크림Crimea반도와 도네츠 공업·탄전지대 탈취, 소련군에 대한 코카서스 석유공급 차단, 레닌그라드 고립화가 가장 중요하다고 단정했다. 전쟁 경제상의 목표를 우선시한다고 선언한 것이다.

어쨌든 이렇게 실행된 작전의 전과는 뛰어났다. 우크

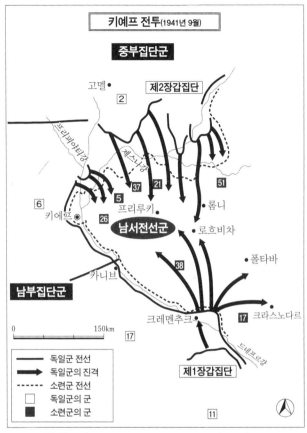

키예프 전투(1941년 9월)

중부집단군

고멜 •

2

제2장갑집단

프리파티강

제스나강

37 21

51

5

6

26

키에프 ◉

프리루키 •

남서전선군

롬니 •

로흐비차 •

폴타바 •

카니브

38

남부집단군

0   150km

17

크레멘추크

17 크라스노다르

드네프르강

제1장갑집단

11

─── 독일군 전선
━▶ 독일군의 진격
----- 소련군 전선
□ 독일군의 군
■ 소련군의 군

(출처) Carl Wagener, Die Heeresgruppe Süd, Friedberg,
O. J. 수록 지도를 근거로 작성함.

라이나 방면을 방위하던 남부 전선군Yuzhnyi front이 포
위되었지만, 스탈린이 사수死守를 명했기 때문에 소련
군의 손해는 심상치 않았다. 9월 하순 키예프 전투 종

료까지 총합계 45만 2,720명의 병사와 3,867문의 화포를 보유한 43개 사단으로 구성된 4개 군이 궤멸하였다.

작전상으로는 대승리였다. 하지만 전략적으로는 심각한 시간 낭비였다고, 할더를 비롯한 독일 국방군 장성들은 **전후에** 주장하고 있다. 실제로 키예프 전투에서는 커다란 성공을 얻어냈지만 이러한 작전 탓에 시간을 낭비해 전략목표인 모스크바 진격이 늦어졌다. 그 결과 소련군은 수도 방어 준비를 할 수 있었다. 또한 모스크바 공략 작전이 겨울까지 이어지면서 공격은 매우 어려워졌고 모스크바 점령은 이룰 수 없었다. 이런 경위로 보면 히틀러가 키예프 포위전을 모스크바 진격보다 우선시한 것은 치명적인 실패인 셈이다. 물론 일리가 있는 듯 생각되기도 한다. 사실, 전후 1970년대까지는 유력한 설로 간주했고, 독소전쟁에 관한 통속적인 읽을거리 등에도 유포되었던 주장이었다.

하지만 지금은 키예프보다 모스크바를 먼저 공격했어야 했다는 독일 국방군의 전 장군들 주장이 논리적으로 맞지 않다는 것이 증명되었다. 예를 들어 이스라엘 군사사 연구자 마틴 반 크레벨드Martin van Creveld는 병참 측면에서 근대 이후 전쟁을 분석한 독특한 저서『보급전쟁Supplying War』(1977년 간행)에서 8월 당시, 중부집단군의 보급 상황은 매우 심각해서 즉시 모스크바 진격을 시행하는 것은 불가능했다고 보았다. 따라서 철도선 점령과 수복 면에서 중부집단군 남익南翼에서 비교적 보급이 양호한 상태였던 제2장갑집단을 남하시킨 것은 유일하게 가능한 방책이었다고 한다.

스탈도 키예프 전투를 주제로 한 저서 『키예프 1941년Kiev 1941』에서 중부집단군은 모스크바로 전진을 재개할 수 있는 상태가 아니어서 당시 작전상으로는 제2장갑집단의 남진만이 현실적인 방안이었다고 서술하고 있다. 무엇보다 스탈은 키예프 전투에서 히틀러가 이기긴 했지만, 그에 따른 소모와 시간 낭비로 인해 진 것이나 마찬가지라고 덧붙이고 있다.

덧붙이자면, 정치 · 경제 · 교통 중심인 수도 모스크바를 점령하면 소련이 붕괴할 것이라는 생각은 독일 장군들의 맹신에 불과했다. 그들이 소련에 치명적 타격이 무엇인지 진지하게 검토한 흔적이 없는 것은 사료로도 확인할 수 있다. 즉, 모스크바 공략을 결정타로 삼은 것은 할더 이하 독일군 수뇌부의 가설이고, 사실이기보다 역사의 가정에 불과했다.

근대 용병 사상에 큰 영향을 미친『전쟁론Von Kriege』의 저자인 카를 폰 클라우제비츠Carl von Clausewitz는 적의 모든 힘과 활동의 중심中心이 '무게 중심重心, center of gravity'이고, 전력을 다해 이것을 깨부수어야 한다고 주장했다. 적의 군대가 중심重心이라면 군대를 격멸하고, 당파적으로 분열된 국가는 수도를 점령하고, 동맹국에 의지하는 약소국은 동맹국이 파견하는 군대를 공격해야 한다는 것이 클라우제비츠의 주장이었다.

그런데도 클라우제비츠 후손들은 대소전쟁의 수행에 있어 적의 중심重心이 무엇인지 고려하지 않았거나, 그 중심은 분명히 모스크바라고 확증도 없이 믿어버렸다.

'태풍' 작전

키에프 전투가 종료된 후 독일군의 진격은 일단 순조로워졌다. 남부집단군 휘하 제1장갑군(1941년 10월, 제1장갑집단에서 개편)은 로스토프나도누와 그 건너편 코카서스를 노렸다. 마찬가지로 남부집단군에 속한 제6군도 10월 25일 우크라이나의 주요 도시 하리코프를 점령했다. 독일의 동맹국인 루마니아 군대에 포위당한 흑해의 주요 항구 오데사도 소련군 수비대가 해로로 철수해버려서 10월 16일에는 추축군 손에 들어갔다.

북쪽에서도 6월 25일 독일의 동맹국으로 참전한 핀란드 군대가 겨울 전쟁으로 잃은 영토와 기타 중요지점을 점령함으로써 전쟁 목적을 완수했으므로, 그곳에서 일단 정지했다. 독일 북부집단군은 레닌그라드로 돌진하여 이 핀란드군과 손을 잡았다. 9월 8일 북부집단군의 선봉 부대가 실리셀부르크Shlisselburg에서 라도가Ladoga호 남쪽 연안에 도착하여 레닌그라드를 고립시킨 것이다. 이틀 전, 키예프 방면에 중점中點을 두도록 지령을 내린 히틀러는 레닌그라드를 직접 점령하지 않고 포격전으로 무력화하기로 결정했다. 약 900일 동안 계속된, 비참하기 이를 데 없던 레닌그라드 포위의 시작이었다.

이렇게 남북 측면을 장악한 독일군은 제2, 제3, 제4 장갑집단을 동부전선 중앙부로 집중시켜 모스크바 공략 '태풍Typhoon' 작전을 펼치기 시작했다. 공세를 시작하기 전날 10월 1일 밤에 히틀러는 포고를 내렸고, 독일 동부군의 각급 지휘관은 부하 장교 앞에서 그것을 읽었다. "우리 장병들이여, 지난 3개월 반 동안 최후의 일대 타격을 가할 전제 조건은 갖추어졌다. 이로써 겨울이 시작되기 전에 적의 섬멸은 현실이 될 것이다. 인간이 할 수 있는 모든 준비가 완료되었다. (중략) 오늘이야말로 올해의 마지막 대결전이 시작된다."

히틀러가 호언장담한 바와 같이 10월 2일에 시작된 '태풍' 작전의 시작은 순조로웠다. 독일군은 적의 전선을 돌파하고 뱌지마Vyazma와 브랸스크Bryansk 부근 두 곳에서 소련군 부대를 포위했다.

그렇지만 쾌속전이라는 겉보기와 달리 독일군의 궁핍함은 절정에 달하고 있었다. 기동전이라는 기회를 얻어 급진했던 장갑부대가 곧바로 연료 부족에 빠졌다. 제3장갑집단은 10월 4일 소련군 반격에 대응하느라 연료를 다 써버려서 다음 날에는 전진할 수 없었다. 동시에 제4장갑집단도 연료 부족과 험한 길 때문에 전진이 지체되고 있었다.

전차의 소모도 심각했다. 제2장갑집단은 대소전쟁 돌입 시에 904량의 전차를 보유했지만, 9월 27일에는 이동수 256량으로 감소했다. 마찬가지로 애초 707량의 전차를 보유했던 제3장갑집단의 보유 대수는 약 280량으로, 제4장갑집단은 626량이 약 250량으로 감소했다고 추정된다.

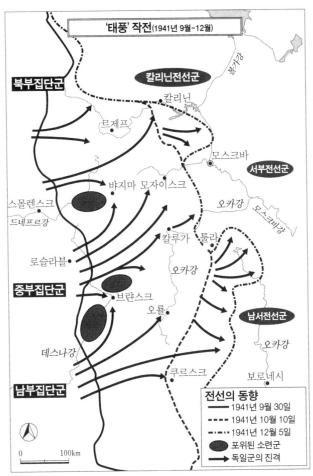

'태풍' 작전(1941년 9월~12월)

북부집단군

칼리닌전선군

볼가강

칼리닌

르제프

모스크바

서부전선군

뱌지마 모자이스크

스몰렌스크

드네프르강

오카강

모스크바강

로슬라블

칼루가 툴라

중부집단군

오카강

브랸스크

오룔

남서전선군

데스나강

오카강

남부집단군

쿠르스크

보로네시

전선의 동향
— 1941년 9월 30일
----- 1941년 10월 10일
-·-·- 1941년 12월 5일
● 포위된 소련군
➡ 독일군의 진격

0   100km

(출처) Andrew Nagorski, The greatest battle : Stalin, Hitler, and the
desperate struggle for Moscow that changed the course of World War II.
New York : Simon & Schuster, 2007 수록 지도를 근거로 작성함.

미국의 전쟁사 연구자 글랜츠와 하우스Jonathan M. House는 공저 『거인들이 격돌했을 때When Titans Clashed』에서 "10월 말까지 독일 국방군과 붉은 군대는 더는 몸을 가눌 수 없는 복서와 비슷한 상태가 되었다. 서로가 비틀거리며 서 있기는 했지만 상대에게 결정타를 날릴 힘을 급속히 잃어버리고 있었다"라고 기술하였다. 하지만 이런 상태에서 유리한 쪽은 앞서 살펴본 대로 회복력이 빠른 소련군이었다.

게다가 날씨도 독일군의 발목을 잡았다. 10월 6일부터 7일 밤사이에 중부집단군 전장에는 첫눈이 내렸다. 다음 날 아침, 눈이 녹아버려서 대부분 비포장인 러시아의 도로는 진흙투성이가 되었다. '진흙의 계절', 즉 '길이 없는 계절'이 시작된 것이다. 말 그대로 독일군 차량 운용은 매우 힘들어졌다. 캐터필러caterpillar(여러 강판 조각을 벨트처럼 연결하여 차바퀴로 사용하는 것-역주)를 부착한 차량조차도 종종 진흙 속에 빠져 움직일 수 없게 되었다. 연료 소비량도 사전 계획보다 약 세 배를 훌쩍 넘겼다. 보병도 무릎까지 차는 진흙 길에서는 행군조차 마음대로 못했다.

이러한 곤란 때문에 뱌지마와 브랸스크의 이중 포위

전에 승리했음에도 독일군은 진격을 멈추고 말았다. 그 동안에 수비 태세를 재정비하기 위해 레닌그라드로 파견했던 주코프 상급 대장이 소환되어 모스크바 방위 책임을 졌다. 모스크바 정면, 북쪽의 칼리닌Kalinin, 남쪽의 툴라Tula 세 방면이 위협받는 상태에서 주코프는 전력을 다했다. 모스크바 민병, 경찰과 내무인민위원회의 요원, 사관학교 생도 등으로 편성된 부대까지 투입하여 전선을 지켰다.

두 번째 세계대전으로

진흙탕이 된 땅이 어는 것을 기다리고 있던 독일 중부집단군은 11월 15일 공격을 재개했다. 소련군의 맹렬한 저항을 물리치고 모스크바를 향한다. 남으로는 제2장갑군(10월 5일, 제2장갑집단으로 개편)이 교통의 중심지 툴라의 포위를 시도했다. 제4장갑집단 휘하 제2장갑사단이 모스크바에서 30킬로미터 이내 지점까지 밀고 들어가 쌍안경으로 크렘린의 첨탑을 볼 수 있었다는 에피소드는 이때 이야기이다.

하지만 독일군은 한계에 다다르고 있었다. 12월 초 러시아의 동장군이 도래해 폭설과 한파가 들이닥쳤다.

명령을 기다리는 독일군 병사들. 1941년 11월.

게다가 1941년에서 1942년의 겨울은 나폴레옹이 러시
아를 침공한 1812년과 같은 이상기온으로, 러시아에서
도 좀처럼 볼 수 없던 추위였다. 장기전이 불가피한 형
세에서 독일 본국은 동계 장비 조달에 애썼지만, 벌써
전선까지 도달할 리는 만무했다. 독일군 공격부대는 추
위에 시달리다가 소련군 부대의 저항을 꺾을 타격력을
잃었다. 12월 5일, '태풍' 작전의 선봉이었던 제2장갑군
과 제3장갑집단은 공격을 중지했다.

소련군이 전면 공세로 전환한 것은 다음 날이었다.
극동 소련에서 소환한 시베리아 사단을 비롯한 예비 병
력, T-34전차로 대표되는 신형 병기를 투입한 공격을
받은 독일군은 이내 패주하기 시작했다.

결국, 단기 결전으로 소련을 타도하려는 '바르바로사' 작전의 목적은 이루어지지 못했다. 히틀러와 나치 독일에는 크나큰 타격이라고 할 만한 사태였다.

그뿐만이 아니었다. 모스크바 공방전에 패했을 무렵, 독일군은 또 다른 대국인 미국과 전쟁에 돌입하게 되었다. 이보다 앞서 대서양에서 영국을 지원하는 미국과 사실상 전투상태에 처해 있던 독일 해군은(독일 잠수함과 미 군함의 교전이 다수 발생하고 있었음) 미국과의 전쟁이 눈앞에 와 있다고 판단하고 있었다. 따라서 히틀러는 대미 전쟁이 발발했을 때를 대비하여 일본에 참전 확약을 얻으려고, 미국과 싸우면 독일도 참전한다는 언질을 일본 측에 주었다.

그리하여 진주만 공격 소식을 들은 히틀러는 1941년 12월 11일 미국에 선전포고를 한다. 두 번째 세계대전은 유럽의 분쟁에서 명실공히 국제적인 전쟁으로 확대되어갔다.

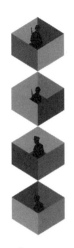

3장
절멸 전쟁

1. 대소전쟁의 이데올로기

네 가지 실마리

'바르바로사' 작전 실패로 히틀러와 독일 국방군이 가지고 있던 단기 결전 구상은 좌절되었고, 독소전쟁의 장기화는 기정사실화되었다. 그와 함께 군사적 합리성을 토대로 상대의 전쟁 지속 의지를 꺾어 전쟁 종결을 끌어내려는 '통상전쟁'의 측면은 뒤로 물러나고 '세계관 전쟁'과 '수탈 전쟁'이라는, 다른 성격의 전쟁 양상 색채가 짙어져 갔다. 그러면 모스크바 공방전 이후 군사적 경위를 논하기 전에 이번 장에서는 독소전쟁의 최대 특징들을 살펴보기로 한다.

우선 '세계관 전쟁' 기저에 깔린 히틀러의 이데올로기를 보도록 하자. 제2차 세계대전 종결 직후에 지배적이었던 것은 히틀러가 장기적인 계획과 정치목표도 없이 오로지 자신의 독재와 권력을 유지하고 확대하기 위해 닥치는 대로 기회주의적 정책을 채택한 것에 불과하다는 설이었다. 히틀러를 '악마화'하는 한편으로 그 능력을 과소평가하는 해석이지만, 유럽 전역에 전쟁을 불러온 파멸적인 대전쟁 이후, 홀로코스트가 백일하에 드러난 뒤에는 사람들의 감정이 그것 이외의 이해를 허락하지 않았을지도 모른다.

　이러한 경향에 비해 히틀러가 취한 정책의 일관성을 지적한 것은 앞서 언급한 영국 역사연구자 휴 트레버 로퍼였다. 그는 전쟁 중 영국 정보부에 근무하면서 대독對獨 정보 분석을 담당했다(히틀러의 최후에 관한 조사에도 참여했다).

　휴 트레버 로퍼는 1960년에 발표한 논문에서 히틀러는 1923년에서 1945년까지 대소전쟁의 수행과 게르만 민족에 의한 동방 식민지제국 건설을 일관되게 추구했다고 주장했다. 그 논거로 제시된 것은 역사자료 네 가지다. 첫 번째는 1923년 뮌헨봉기, 즉 쿠데타에 실패한 히틀러가 옥중에서 쓴 『나의 투쟁Mein Kampf』이고, 두 번째는 전 나치스(독일 노동자당이 1920년에 개칭한 이름으로, 히틀러를 당수로 하여 정권을 장악한 파시즘 정당-역주)에서 활동하다가 망명한 헤르만 라우슈닝Hermann Rauschning이 1933년 정권 탈취 전후에 히틀러와 나눈 대화를 기록한 『히틀러와의 대화Gespräche mit Hitler』이다. 세 번째와 네 번째는 히틀러의 측근이 식사 중 총통의 담화를 속기하여 남긴 기록, 즉 '식탁 담화'이다(각각 1941~1942년,

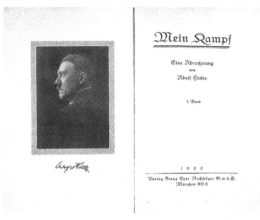

히틀러의 『나의 투쟁』. 1925년 초판. 독일역사박물관 소장.

1945년 기록).

휴 트레버 로퍼에 따르면, 이 기록들은 22년이라는 긴 시간 동안 각기 다른 배경 아래에서 쓰인 것임에도 "사고와 행위에 있어 절대적인 통일성과 수미일관성을 보여"준다고 한다. 물론 대소전쟁이라는 목적을 향한 '통일성'과 '수미일관성'이라는 의미이다.

무엇보다도 휴 트레버 로퍼가 주장하는 근거에는 당시의 사료 상황이 만들어내는 결점과 제약이 있었다. 오늘날 『히틀러와의 대화』는 실제 대화를 기록한 것이 아니라 라우슈닝의 위작이었음이 밝혀졌다. 또한 『히틀러의 두 번째 책Hitlers Zweites Buch. Ein Dokument aus dem Jahr 1928』이라 불리는, 전후에 발견된 히틀러의 중요한 미완성 원고도 참고하고 있지 않다.

그런데도 휴 트레버 로퍼의 논지는 히틀러의 정책과 행동을 합리적으로 설명하는 최초의 시도였다는 점에서 이후 연구의 초석이 되었다.

히틀러의 '프로그램'

1965년에 서독(당시)의 역사연구자 안드레아스 힐그루버Andreas Hillgruber는 교수자격 논문을 토대로 출판한『히틀러의 전략Hitlers Strategie』을 발표하고, '프로그램' 개념을 제시했다. 히틀러가 한결같은 정치 구상을 하고 있었다는 점에서는 휴 트레버 로퍼 논의의 연장선에 있지만, 이것은 단계적으로 실행되어갔다는 설을 제시했다.

힐그루버는 말한다. 유럽에서 영토 확장과 해외식민지 획득을 동시에 수행하려면 제1차 세계대전의 전철을 밟게 된다고 히틀러는 생각했다. 그래서 자신의 계획수행 과정을 두 단계로 나누었다. 유럽 대륙에서 소련을 정복하고 동방 식민지제국을 건설함으로써 나치즘 이데올로기를 근거로 한 유럽의 '인종적 재편성'을 실행하는 제1단계이다. 다만 이 단계의 목표를 달성하려면 영국을 동맹국 또는 중립 상태에 둘 필요가 있었다. 또한 제1차 세계대전처럼 두 전선으로 나뉜 대규모 전쟁에 돌입하지 말고 오스트리아 합병과 체코슬로바키아 해체, 서쪽의 큰 적수 프랑스 복멸 등을 시간적 공간적으로 한정시킨 소규모 전쟁을 연속하는 방식을 단계적으로 수행해야 한다. 이렇게 국력을 다진 후 소련 타도에 착수한다.

이렇게 우랄에서 지브롤터Gibraltar에 이르는 제국을 건설하여 거의 자급자족이 가능한 상태를 확보한 후 제2단계인 해외 진출에 나선다. 이때 세계 패권을 걸고 미국 또는 미영 양국과 전쟁이 일어나겠지만(이 단계에서도 영국이 독일의 동맹국이거나 중립국일지는 분명치 않다고 함), 다음 세대가 이 과제를 맡아줄 것이다.

히틀러가 달성해야 하는 것은 제1단계 목표였다. 힐그루버는 이 '프로그램'이라는 개념으로 1940년에서 1941년까지 히틀러의 전쟁 지휘를 논술하고 프로그램학과 이론 체계의 기반을 구축했다.

하지만 히틀러가 권력을 쥐었다고 해서 마음대로 할 수 있는 것은 아니었다. 만일 히틀러 이데올로기와 '프로그램'이 독일 지배층의 희망과 완전히 부합되지 않았다면 그 실현은 불가능했을 것이다. 사실 극우만이 아니라 광범위한 보수 엘리트층(국방군을 포함)도 독일이 예전처럼 강국의 지위를 되찾는 것은 숙원이고, 이 점에서 히틀러의 '프로그램'과 일치하는 곳이 있었다. 또한 1927년 경제공황 이후 열강의 블록 경제화로 인한 해외시장 축소로 비명을 지르던 재계 입장에서는 자신들의 '광역경제권'을 확보하려던 히틀러의 구상이 환영할 만한 것이었다.

나치 이데올로기의 기능

또한 히틀러가 내건 인종주의는 독일 사회의 분열을 얼버무리는 작용을 초래하기 시작했다. 도시와 농촌, 화이트칼라와 노동자, 고용주와 피고용자 등 이해의 대립은 현실에 존재하고 있었다. 하지만 건강한 독일 국민이자 게르만 민족의 일원이라면 유대인을 비롯한 '열등 인종'과 사회주의자나 정신병자라는 '반사회적 분자'보다 우월하므로 존재 의의가 있다는 허구는 그러한 틈을 메워갔다.

이러한 이데올로기 작동에 관해서는 서독(당시)의 연

구자 마르틴 브로샤트Martin Broszat가 1970년에 발표한 논문에서 흥미로운 고찰을 하고 있다. 브로샤트는 앞서 말한 프로그램 학파에 대해 "그러한 설명 방식은 히틀러 머릿속에 지배적인 망상 관념 또는 구제 관념으로 자리 잡고 있던 이념 두세 개야말로 나치즘 정책의 고유한 원동력이었다고 해석하는 것을 의미한다. 그렇다면 나치즘의 현실은 오로지 한 남자의 자의와 망상의 산물로 귀결되고 만다"라고 혹독한 비판을 쏟아냈다.

그가 주장하는 바에 따르면, 나치즘 운동은 다종다양하며 더구나 그 대부분은 상호 대립하는 사회적 동기부여를 내포하는 것이었다. 하지만 그 운동 에너지를 동원해서 분열을 회피하기 위해서는 일반적으로 확고한 '이념'을 지시해야 한다. 더구나 이 이념은 나치즘 운동에 참여하는 자와 그것을 지지하는 자들 사이에 엄연히 존재하는 이해대립을 폭로하고 확대하여 위기를 초래하는 것이어서는 안 된다. 이러한 이념이야말로 히틀러의 인종 이데올로기와 '생존권'론이었다. 역설적이지만 현존하는 사회 사정과 직접 관계가 없다는 이유야말로 지배의 허구, 브로샤트의 말을 빌리면 '이데올로기적 메타포'의 기능을 수행할 수 있는 셈이다. 그렇다고는

오스트리아 합병. 군중 앞에서 연설하는 히틀러. 1938년 빈.

해도 앞에서 언급한 사회적 대립 등과 같은 국내 정치적 조건에 구속된 히틀러가 분열을 피하려고 그 이념에 의지하면 할수록, 본래는 지배의 도구에 불과했던 인종 이데올로기와 '생존권'론이 말 그대로 받아들여져 결국엔 현실이 되었다고, 브로샤트는 설명한다.

　1970년대 프로그램 학파와 이에 반대하는 연구자들 사이의 논쟁 이후 현재까지 연구 흐름을 개략적으로 말하자면, 양쪽을 지양하는 방향으로 진행해왔다고 생각된다. 즉, 히틀러의 '프로그램'만으로는 나치즘 체제를 완전히 설명할 수 없으므로 그 사회적 기능도 분석해야 한다. 하지만 히틀러의 이념을 무시하고 단지 기능적인 측면에서 나치 독일 역사를 이해하는 것도 불가능하다. 따라서 현재로서는 히틀러의 이데올로기와 그것이 사회에 미친 작용 또는 거꾸로 사회에서 받은 반작용을 고찰한 후 해석하는 경향이 있다.

그렇다면 그러한 상호관계는 정권 획득 후 나치즘에서 구체적으로 어떤 전개를 보였을까.

대포도 버터도

1933년에 권력을 잡은 히틀러가 대규모 경기부양 정책으로 불황을 벗어나려 했던 것은 잘 알려져 있다. 국방군의 재군비(군비확장), 아우토반 건설 등 공공사업이 진행됨에 따라 경기는 회복했다. 실업자는 1936년부터 격감했고 완전고용이 달성되었다. 하지만 이러한 표면적 호황을 누리는 동안 전쟁이 필요한 사회구조가 만들어져 갔다. 여기에서는 나치 독일의 내정과 제2차 세계대전의 시작에 관한 중요한 논의를 전개한 영국 역사연구자 티모시 메이슨Timothy Mason의 주장을 참조하여 설명하고자 한다.

수상에 취임한 히틀러는 군비확장을 실행했지만, 국민에게 희생을 강요하는 것은 피했다. 체제에 대한 지지를 잃어버릴 우려가 있었기 때문이었다. 메이슨은 그 이유를, 히틀러 이하 나치 독일의 수뇌부가 제1차 세계대전 때 국민에게 부담을 준 결과 혁명으로 국가가 붕괴할 우려, 즉 '1918년 트라우마'가 있었다고 주장한다. 하지만 전쟁 준비와 국민 생활 수준 유지라는 두 마리 토끼를 쫓으려다 보니 나치 독일의 국내 정치에 문제가 발생하기 시작했다.

먼저 재정에 무리가 생겼다. 군비확장과 공공사업에 필요한 재원은 당연히 국가가 확보해야만 한다. 그래서 히틀러는 일부러 적자지출赤字支出을 선택했다. 증세로 국고 수입을 늘리면 국민의 불만이 높아질 것이기 때문이었다.

이어서 무역 분야에서도 '위기'가 드러나기 시작했다. 이른바 '가진 것 없는 나라'인 독일이 군비를 확장하려면 무기 생산에 필요한 대량의 원료를 수입해야만 했다. 하지만 외국에서 원료를 얻으려면 외화로 지불해야 하므로, 대규모 군비확장은 급격한 보유 외환 감소 위험이 있었다. 이를 피하려면 동남부 유럽의 각국과 외화를 쓰지 않는 바터무역barter trade(물물교환으로 두 나라 사이의 대차貸借의 차액을 내지 않고 행하는 무역-역주) 협정을 맺고 그들의 원료 및 식자재와 공업제품을 맞교환하는 수입

정책을 추진하기는 했지만, 나치 독일이 추진한 재군비 규모를 본다면 그것은 새 발의 피였다. 결국 1936년에는 독일의 비축 원료와 외환보유고가 거의 바닥을 치는 심각한 상태에 빠졌다.

하지만 이러한 '위기'가 한창일 때에도 국민이 불만이 없도록 귀중한 외화를 쓰면서 기호품이나 의류 수입은 계속했다. 예를 들어 1938~1939년 담배·커피·카카오 수입량은 1929년 공황 이전, 독일이 한창 호황을 누리던 때와 필적할 만했다.

위기 극복을 위한 전쟁

또한 호경기는 확실히 실업자를 없앴지만, 이것은 군비확장을 실행하면서 큰 문제를 발생시켰다. 재군비가 공업에 호경기를 불러옴과 동시에 노동력의 수요가 높아져 일손 부족 현상이 일어났다. 따라서 공업 부문에서는 '유혹자금', 즉 높은 보수로 노동력을 유인해야 했다. 하지만 이러한 조치는 공장 노동자가 되려고 농촌을 떠나는 자의 수를 증대시켜 농업 부문의 생산을 저해하는 요소가 되었다.

그런데도 공업 부문의 노동력 부족은 심각해질 뿐이

었다. 1936년에 히틀러는 '4개년 계획'에 착수하여 석유와 고무, 섬유 등 수입에 의존했던 원료를 화학적 인조 제품으로 대체하여 거의 자급자족이 가능한 태세를 확립하려고 했다. 하지만 '4개년 계획'은 충분한 양의 인조 원료를 생산할 수 없었을 뿐만 아니라 공업 전반에 걸친 노동력 결핍을 발생시켰다. 1938년 12월 노동성 보고에 따르면, 실제로 약 100만 명의 노동자가 부족하다고 한다.

그리하여 재군비 진행 자체가 군비확장의 사회적 기반에 피해를 준다는 얄궂은 사태가 벌어졌다. 예를 들면, 1938년 8월에는 우정대신이 운영요원 부족 때문에 전화망 기능을 완전히 유지할 수 없다는 의견서를 제출했다. 같은 해 같은 달, 동프로이센 지방의 중요 항구 쾨니히스베르크Königsberg(현재 러시아령 칼리닌그라드)는 항만노동자가 부담 증가를 견딜 수 없다는 이유로 일주일간 폐쇄되었다.

외교가 아닌 내정으로 '위기'가 발생한 셈이다. 통상이러한 경우에 취하는 대응은 군수 경제로의 집중을 완화하고 무역 확대를 도모하거나, 거꾸로 좀 더 엄격한 통제와 국민의 근로 동원 강화로 견디어낼지 둘 중 하나일 것이다. 그러나 '대포인지 버터인지'가 아니라 '대포도 버터도'의 정책을 선택한 나치 독일 정부에게는 어느 쪽의 조치도 불가능했다.

결과적으로 그들은 제3의 선택지로 돌진해갔다. 타국 병합에 의한 자원과 외화 획득, 점령한 국가의 주민 강제노동으로 독일 국민에게 부담을 주지 않는 방식으로 군비확장 경제를 유지했다. 물론 이러한 내치적 요인으로 추진된 영토확장정책은 타국과의 분쟁을 고조시키는 것이었지만, 나치 독일은 '위기' 극복을 위해 전쟁에 돌입하지 않을 수 없었다.

이렇게 제2차 세계대전은 시작되었다. 약간의 절충적 설명이 허락된다면, 나치 독일은 독재자 히틀러의 '프로그램'과 나치즘의 이념 아래에서 주도적으로 전쟁에 뛰어듦과 동시에 내치적 측면에서도 자원과 노동력의 수탈을 목적으로 하는 제국주의적 침략을 실행해야만 하는 상태에 몰렸다고 말할 수 있다. 사실 프랑스 등 각국을 정복한 후 독일의 점령정책은 자원과 공업제품 징발, 노동력의 강제 동원이라는 점을 강조한 것이었다. 그 덕분에 독일 국민의 생활은 전쟁 중임에도 불구하고 1944년에 전쟁 판세가 급격히 패배로 기울기까지

상대적으로 높은 수준을 유지했다. 그들은 초기 제국주의적 수탈정책으로 이익을 얻고 있는 것을 알면서도 그것을 누린 '공범자'였던 셈이다.

2. 제국주의적 수탈

세 개의 전쟁

이렇듯 독일의 전쟁은 대소전쟁에 이르기 전부터 통상의 순전한 군사적 전쟁에 더해 이미 '수탈 전쟁' 성격을 띠고 있었다. 그렇다고는 해도 서구 각국에 대한 독일의 전쟁은 비교적이긴 하지만 포로 대우에 있어서 전시국제법 준수와 비전투원 보호 등 '통상전쟁'의 성격을 지니고는 있었다. 다만, 금품과 미술품 약탈, 프랑스군의 식민지부대에서 빼앗은 포로 살해 등도 전혀 없는 것은 아니었다. 폴란드와 유고슬라비아 등 나치의 눈으로 본 '열등 인종'의 나라에 대해서는 인종 전쟁 색채가 짙어졌다.

그리고 히틀러의 숙원이었던 대소전쟁에서는 제국주

의적 수탈 전쟁에 더해 이데올로기에 지배당한 '세계관 전쟁', 구체적으로는 나치가 적으로 간주한 자에 대한 '절멸 전쟁'이 전면적으로 전개되었다. 종장에서 자세히 서술하겠지만 독소전쟁은 이른바 '통상전쟁' '수탈 전쟁' '절멸 전쟁', 세 개의 전쟁이 합쳐져 실행된 복합전쟁이 었다고 말할 수 있다. 더구나 대소 초기 결전의 좌절과 전쟁 상황 악화에 따라 '수탈 전쟁'과 '절멸 전쟁' 색채는 점점 농후해져서 '통상전쟁'의 기본에 있었던 군사적 합리성마저 상실해갔다.

이하 '통상전쟁'과 '절멸 전쟁'이 어떻게 구상되고 실행되었는지, 또한 많은 일탈이 있었다고는 해도 일단은 전시국제법을 기준으로 진행되었던 통상전쟁이 어떻게 변질하였는지 살펴보기로 하자.

동부 종합계획

히틀러가 동방 식민지제국 건설을 전쟁 목적으로 삼았다는 것은 이미 설명했다. 하지만 그것을 실현하려면 관료와 국방군 간부, 연구자와 외교관과 같은 전문가에 의한 정책 입안이 진행될 필요가 있다. 앞에서 살펴본 나치 독일 사회의 '공범자'적 구조로 볼 때 이들 협력자는 부족함이 없었다. 그들이 만들어낸 대소전쟁 승리 이후 유럽 모습은 다음과 같았다.

핵심은 프랑스령의 꽤 많은 부분과 옛 체코슬로바키 아령의 보헤미아Bohemia와 모라바Morava 지역, 폴란 드 전역을 합병하여 대폭 확대된 '대독일국'이다. 여기 에 서방과 발칸 반도의 여러 위성국가가 복속한다. 이 렇게 대국이 된 독일을 지탱하는 식민지가 유럽 러시 아에 세워진다. 발트해 연안 지역과 벨로루시를 통합 한 '오스트란트' '우크라이나', 러시아 내륙부를 통괄 하는 '모스크바' '코카서스' 등 네 개의 국가판무관구 Reichskommissariat가 그것이다.

국가판무관구 등에서 어떤 정책을 펼쳐야 할지는 후 에 '동부 종합계획Generalplan Ost'이라 부르게 되는 일련 의 안이 작성되었다. 독일이 폴란드를 점령한 직후 친 위부대SS 전국 지도자 겸 독일 경찰장관 하인리히 힘러 Heinrich Himmler는 1939년 10월 7일 '독일 민족성 강화 국가위원'을 겸임하게 되었다. '게르만화化'로 불린 독일 국민의 동방식민과 '민족 독일인'(중세의 동방식민, 러시아제 국의 초빙 등으로 중동부 유럽과 러시아로 이주한 독일계 주민을 말함) 의 이주 등을 담당하는 관직이다. 히틀러는 독일 민족성

점령하 소련의 행정 구분

▲▲▲ 1942년 늦가을 전선
── 행정구계

탈린
레닌그라드
리가
동방국가
판무관부
모스크바
카우나스
독일령
스몰렌스크
뱌지마
베로스토크
민스크
바르샤바
고멜
군정지구
총독부
로브노
키에프
보로네시
렘베르크
(리보프)
우쿠라이나
국가판무관부
하리코프
드네프로페트로프스크
헝가리
체르노프치
로스토프나노두
트란스니스트리아
니콜라예프
키시네트
오데산
루마니아
심페로폴
흑해

동부 종합계획에서 구상된 4개의 국가판무관구 중 실제로 설치된 것은 동방
오스트란트와 우크라이나 두 곳이었다. 국가판무관구는 히틀러의 결정으로
동방점령지성 관할 아래에 설치되었다.

(출처) Raul Hilberg, The Destruction of the European Jews, Vol 1. New
Haven, Conn. : Yale University Press, 2003 수록 지도를 근거로 작성함.

강화국가위원 권한으로 이미 1940년 봄에 동방 게르만화 구상을 다듬도록 통괄 하에 있는 계획국에 위탁했다.

이 계획국은 국가공안부ⅢB부 계획 입안과 및 베를린대학 농업·농치 연구소와 협력하여 식민계획의 입안에 착수했다. 도중 대소전쟁이 결정됨과 동시에 식민대상이 러시아로 확대하는 등 변경도 있었지만, 1942년까지는 대략적 구상이 정해져 같은 해 6월 12일에는 동방점령지성東方占領地省과 나치당 인종정책국의 협력을 얻어 작성된 '동부 종합계획'이 히틀러에게 제출되었고 히틀러는 승인했다. 그 내용은 히틀러와 나치가 지향하는 세계가 얼마나 디스토피아dystopia인지 여실히 드러난 것이었다.

동부 종합계획은 전쟁 종결 후 처음 25년간 폴란드, 발트 3국, 소련 서부 지역 주민 3100만 명을 시베리아로 추방하여 죽이겠다고 정했다. 한편 남겨진 '독일화'할 수 없는 주민 1400만 명은 '민족의 경계선'을 동방으로 수천 킬로미터 이동할 임무를 맡은 게르만 식민자를 위해 노예노동에 종사하도록 했다. 여기에서 말하는 게르만 식민자란 독일 본국에서 온 자들과 이탈리아령 남티롤Tirol(독일계 주민이 다수 존재하고 있었다)과 루마니아, 헝가리에서 온 '민족 독일인', 게르만계의 스칸디나비아 각국, 네덜란드, 이탈리아에서 온 식민자를 합친 것이다. 신식민지 개척과 지배를 위해 각각 2만 명 정도 인구를 가진, 주위를 다수의 마을로 에워싼 36개 거점도시가 건설될 예정이었다. 이러한 식민에 의해서 '게르만화'가 완성되리라고 생각했다.

앞서 서술한 바와 같이 소련 침공에서 독일군 작전은 적의 중심重心이 무엇인지를 고려하지 않은 허술한 것이었다. 그렇지만 동방 식민지제국 건설에 관해서는 이렇듯 많은 인적자원을 투입하여 면밀하게 계획을 세웠다. 이러한 불균형은 대소전쟁 성격을 바로 보여준다고 할 수 있다. 무엇보다도 이 동부 종합계획은 1943년 이후 독일군의 동부전선 패퇴와 함께 실현 불가능한 것이 되었다. 하지만 동부 종합계획의 구상은 대소전쟁 목적을 명명백백하게 보여준다.

수탈이 목적인 점령

하지만 이렇듯 식민지제국 건설이라는 이데올로기로 만들어진 구상과 함께 독일의 소련 점령이 수탈에 집중해가는 과정에는 또 다른 동인動因이 있었다. 1939년 제

2차 세계대전 발발과 함께 연합군의 봉쇄를 받은 독일은 해외 수입을 차단당했다. 그 결과 식료품 조달에 애로가 발생했고, 부족분 확보를 주로 소련에 의존하게 되었다. 다시 말해서 일단 불가침조약을 맺기는 했지만, 이데올로기적으로는 동상이몽의 우방에 식료 공급의 근원을 잡혀버리게 된 것이다.

식료 공급 책임자였던 식료농업성 차관 겸 4개년계획청 식료부장 헤르베르트 바케Herbert Backe는 이 점을 우려하며 이러한 상태가 계속되면 제1차 세계대전과 같이 국민의 기아를 계기로 패전할지도 모른다는 경고를 했다. 1939년에서 1940년의 폴란드와 서유럽 각국 정복으로 식료부족을 조금은 채울 수 있었지만, 본질적인 해결에는 이르지 못했다. 그래서 대소전쟁 결의를 알게 된 바케가 입안한 것이, 점령한 소련에서 식량을 수탈하여 주민이 굶어 죽더라도 독일 국민, 그중에서도 국방군 장병에게 충분한 식료를 제공한다는, '기아 계획'이라 불리는 구상이었다.

그가 추정하는 바에 따르면, 그러한 정책을 펼치면 현지 주민 중 3천만 명의 아사자가 나올 것으로 봤다. 그런데도 바케는, 독일의 농업만으로는 군 장병 한 명당 하루에 3천 칼로리를 배급 제공한다는 조건을 장기간에 걸쳐 유지할 수 없다고 단정했다. 독일 국방군 수는 가장 많았을 때 총인구의 칠분의 일에 해당하는 950만 명 정도였다. 또한 일반 국민에게 줄 육류 공급도 부족했다. 독일이 폴란드, 노르웨이, 덴마크, 베네룩스 3국, 프랑스, 유고슬로비아, 그리스를 점령하고 있던 1941년 전반의 상태에서도 국민의 식료부족을 극복하고 국방군 장병을 충분히 먹일 수 있는 것은 불가능하다고 생각했다.

이러한 전제를 토대로 바케는 결론을 내렸다. "전쟁 3년째에 국방군 전체가 러시아의 식료로 충당할 수 있을 때만, 이 대전은 계속될 수 있다." 러시아인에 관한 그의 평가는 비정한 것이었다, "러시아인은 수 세기 동안 빈곤, 기아, 절약을 견디어왔다. 그들의 위장은 탄력이 있을 테니 쓸데없는 동정은 필요하지 않다."

한편 군사작전에 임하는 국방군도 전쟁 수행상 필요한 자원을 소련에서 착취하는 계획을 세웠다. 예를 들어 국방군 최고사령부 국방경제 군수국장으로서, 경제적 측면에서 전쟁 수행에 관한 임무를 담당하고 있던 게오르크 토마스Georg Thomas 보병대장은 1941년 2월에 소련 점령지에서 물자징발계획을 세우기 시작했다. 당시 무엇보다도 점령한 소련 유전에서 석유를 획득하는 것이 중요했다. 또한 토마스는 바케와 협의하여 '기아 계획' 작성에도 관여했다.

다원 지배에 의한 급진화

이상의 서술에서 알 수 있듯이, 독일의 소련 점령에서 특징은 일원적으로 책임을 지는 관할 성청省廳이 없었다는 점이다. '권한의 혼돈'이라고 불리는 나치즘 특유의 현상이 여기에도 나타난다. 이것은 히틀러가 이따금 결단을 회피한 결과, 휘하의 여러 기관이 같은 쟁점을 둘러싸고 자신들의 정책을 관철하기 위해 격한 권한 투쟁을 했음을 의미한다. 이러한 다원 지배는 소련 점령에서도 보였다. 국방군과 여러 성청이 점령정책의 권한과 담당을 둘러싼 투쟁을 반복했기 때문이다.

권력 투쟁에서 가장 먼저 탈락한 것은 국방군이었다. 정치적인 측면에서 히틀러가 군을 신뢰하지 않았기 때문이다. 1941년 3월 "육군의 작전지역 거리는 가능한 한 범위를 제한할 것"이라는 명령이 내려져, 국방군은 점령지 전체에서 군정을 실시할 권한은 없고 전선에서 순수한 차원의 군사 임무만 집중하도록 했다.

그 후 히틀러 친위대 경찰기구 지휘관이자 국가원수로서 공군대신과 공군 총사령관인 헤르만 괴링Hermann Göring이 책임자였던 4개년계획청과 나치의 선전가 알프레드 로젠베르크Alfred Ro′senberg를 수장으로 하는 동방점령지성('오스트란트' 및 '우크라이나' 양 국가판무관구를 관할하고 있었다)은 전선 후방의 점령지에 관한 권한을 둘러싼 투쟁에 광분했다. 권한의 혼돈이 일으킨 '부국部局 다위니즘Darwinism'이다. 각 관청과 나치당 기관이 대놓고 권력 투쟁을 해서 이긴 쪽이 권한을 얻는다는 세속적 다위니즘의 '적자생존'을 원용한 비유가 정말로 잘 들어맞는 사례였다.

그렇다고 해서 이러한 점령 측 내부 알력이 수탈을 방해하지도 않았다. 오히려 그 반대였다. 실제로 여러 조직은 서로 대립하며 으르렁대고는 있었지만, 점령지 주민의 굶주림 따위는 개의치 않고 수탈을 추진했다는 점에서는 일치했다. 따라서 그들은 자신의 공적을 과시하고 좀 더 많은 권한을 획득하기 위해 점점 더 급진적인 점령정책을 밀어붙였고, 그 대상이 된 주민은 몇 겹으로 착취당했다.

'총통 소포'

  그러한 수탈이 어떤 결과를 초래했을까. 몇 가지 수치를 들어보자. 1942년부터 1943년에 걸쳐 소련이 수탈당한 곡물, 식육, 지방제품의 총량은 350만 톤에서 878만 톤으로 훌쩍 증가했다. 또한 1941년부터 1942년에 걸쳐 동부의 국방군 장병과 점령 관련 각 기관의 요원이 소비한 점령하 소련의 곡물은 700만 톤 이상이다. 같은 시기에 우크라이나에서만 소 1700만 마리, 돼지 2000만 마리, 양과 염소 2700만 마리, 닭 1억 마리가 징발되었다. 이 정도로 막대한 식료를 수탈한 결과, 점령지 주민에게 어떤 일이 일어났을지는 말할 필요도 없다. 1941년에서 1942년 추운 겨울까지 점령된 각 도시 비근로 주민 한 사람의 배급량은 일주일에 지방제품 70그램, 빵 1.5킬로그램, 감자 2킬로그램이었다.

  또 다른 상징적인 일화가 있다. 1942년 3월, 히틀러는 휴가나 특별 임무로 독일 본국으로 돌아오는 동부전선 장병에게 실어 나를 수 있는 최대한의 식료를 가지고 가도록 명령했다. 이 '총통 소포'라 불리는 조치는 점령지 암시장으로 흘러드는 식료를 조금이라도 빼앗는 것을 목적으로 하였다. 물론 그 내용물 전부가 정당한 수단으로 얻어졌을 리가 없다. 독일의 수탈정책은 말단 병사까지 동원될 정도로 철저히 이루어졌던 것이다.

또한 식료뿐 아니라 원료와 노동력도 수탈의 대상이 되었다. 1944년 3월까지 고철 약 2백만 톤, 철광석 110만 톤, 망간석 66만 톤, 크롬 1만 4천 톤이 독일 본국으로 반출된 수치이다. 또한 1944년 6월까지 280만 명 주민이 강제노동자로서 독일로 보내졌다.

3. 절멸 정책의 실행

'출동부대' 편성

수탈정책은 앞에서 보았듯이 타국민을 굶겨 죽이더라도 자국민의 지지를 확보하고 유지한다는 점에서, 그런대로 '합리성'이라는 틀 안에 있었다. 하지만 이제부터 살펴볼 절멸 정책은 전쟁 중에 귀중한 자원을 투입하면서 무의미하다 할 만큼 학살을 되풀이하는 것이었다. 따라서 언뜻 '합리성', 특히 '군사적 합리성'을 일탈한 광기의 행위로 보일지도 모른다.

하지만 이미 기술한 바와 같이 히틀러와 나치 독일 지휘부가 대소전쟁을 '세계관 전쟁'으로 보고 군사적인 승리뿐 아니라 그들이 적으로 간주한 자들의 섬멸을 추구했다는 보조선을 그으면, 그런대로 그 논리를 알 수 있다. 게다가 '절멸 전쟁'을 지탱한 이데올로기는 히틀러의 머릿속에 존재했던 것만이 아니라 독일 국민통합의 원칙이라는 현실을 규정하게 되면서 독자적인 다이나미즘Dynamism을 획득했다.

그 지표라 할 만한 존재가 '출동부대'였다. 출동부대란, 국가 공안본부장관 라인하르트 하이드리히Reinhard Heydrich 친위대 중장 직속의 특수기동대로, 적지에 침공하는 국방군에 뒤이어 나치 체제에 위험하다고 생각되는 분자를 살해해 없애는 임무를 맡고 있었다. 이미 폴란드 전쟁에서도 편성된 적이 있었는데, 이때 교사, 성직자, 귀족, 장교, 유대인 등 독일 점령지배에 장애가 될 만한 사람들을 살육했다.

대소전쟁에서 출동부대는 더욱 대규모로 편제되어 에이부터 디D까지 4개 부대가 만들어져 북부, 중부, 남부의 각 집단군과 크림반도 정복 임무를 맡은 제11군에 배속되었다. 각 출동부대에는 군대에서 말하는 1개 대

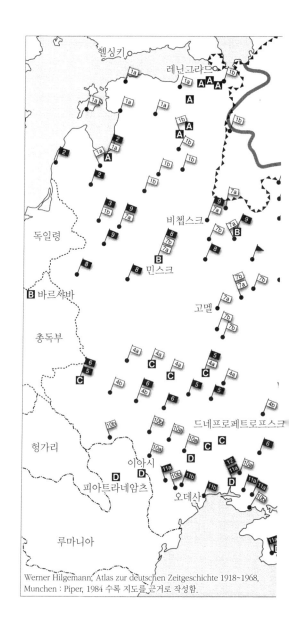

헬싱키

레닌그라드

비쳅스크

독일령

민스크

바르샤바

총독부

고멜

드네프로페트로프스크

헝가리

이아시

피아트라네암츠

오데사

루마니아

Werner Hilgemann, Atlas zur deutschen Zeitgeschichte 1918~1968,
Munchen : Piper, 1984 수록 지도를 근거로 작성함.

142

출동부대의 전개

▲▲▲▲▲ 독일군 최대진출선
(1942년 늦가을)

━━━━ 1941년의 전선

■ 출동부대 기지
(알파벳은 부대명)

🚩 출동분견대 기지
(숫자는 부대 번호)

🏳 특수분견대 기지
(숫자는 부대 번호)

🏴 아스트라한 특별분견대 기지

🚩 모스크바전견대 기지

칼리닌
모스크바
툴라
브랸스크 · 오룔
쿠르스크
보로네시
하리코프 · 스타로빌스크
폴타바
스탈린그라드
로스토프나노두
엘리스타
크라스노다르 · 마이코프
페오도시야

<표 3> 대소전쟁의 출동부대 편제

출동부대A
　제1a특별분견대
　제1b특별분견대
　제2출동분견대
　제3출동분견대

출동부대B
　제7a특별분견대
　제7b특별분견대
　제8출동분견대
　제9출동분견대
　모스크바전견대

출동부대C
　제4a특별분견대
　제4b특별분견대
　제5출동분견대
　제6출동분견대

출동부대D
　제10a특별분견대
　제10b특별분견대
　제11a출동분견대
　제11b출동분견대
　제12출동분견대

아스트라한 특별분견대

대 정도, 약 600~900명 안쪽의 인원이 배속되고, 특수분견대 또는 출동분견대로 구분되었다. 무장 친위대, 경찰 등의 대원을 중심으로 하는 그들은 문자 그대로 기동 출동하여 점령지에서 유대인 등의 학살을 실행했다.

유대인 여성들을 사살하는 출동부대 디D.
1941년 두버사리Dubasari(추정).

전후, 국방군 군사령관들은 출동부대의 살육이 군이 담당하는 지역 밖 후방에서 발생한 일이므로 자신들은 책임이 없다고 주장했다. 하지만 오늘날에는 1941년 3월 '유대인과 볼셰비키 지식인'을 살해해야 한다는 히틀러의 명령에 국방군 최고사령부도 동조했음이 밝혀졌다. 같은 해 3월 13일 국방군 최고사령부는 "육군의 작전영역에서는 총통의 위임에 따라 친위대 전국지도자(힘러)가 정무 행정 준비의 특별 임무를 띤다"라는 것을 승인했다. 그 결과 힘러 지휘 아래에 있는 하이드리히가 출동부대에 지시를 내렸지만, 그들에 대한 보급은 국방군이 하도록 정해졌다. 친위대와 출동부대는 폴란드 침공 때 이상으로 자유롭게 행동을 취할 수 있게 되었다.

출동부대와 국방군의 협동은 통상 다음 순서를 따랐다고 한다. 대량살육 전에 출동부대장 또는 그 예하에 있는 특별분견대나 출동분견대 지휘관이 대상 마을과 지역을 담당하는 국방군부대 또는 업무소와 연락하고 행동계획을 통고한다. 필요하다면 해당지 봉쇄와 살해 대상자 수송용 트럭 제공 등은 국방군이 지원했다. 대부분은 지역 주민에게 얻은 정보로 유대인이 특정되면, 통역의 도움을 받아 그들을 집합시켰다. 그리고는 사살할 곳으로 실어 나르거나 내쫓았다. 또한 사살되기 전에 유대인은 귀중품과 입고 있던 의복을 제출해야 했다.

이러한 방식으로 출동부대는 소련 각지에서 학살을 이어갔다. 이틀 동안 여성과 아이를 포함한 유대인 3만 3,771명의 생명을 빼앗은 키예프 근교 바비야르 학살(1941년 9월)과 1942년 초 하리코프에서 행해진 만 명의 사살 등, 출동부대 손에 죽은 사람들의 수는 적어도 90만 명이라 추정된다. 단 그 수가 너무 많은 탓에 정확한 희생자 수는 오늘날까지도 확정되지 않고 있다.

'코미사르 지령'

절멸 전쟁 대상이 된 것은 민간인만이 아니다. 소련군 각급 부대에 배속된 지휘관의 정치적 보좌역인 '정치위원'도 학살의 대상이 되었다. 정치위원이란 공산당에 의한 군 지휘관의 통제를 위해 각급 부대에 배속된 정치장교로, 히틀러가 봤을 땐 볼셰비키 핵심 분자이었다.

독소 개전 전인 1941년 3월 30일 히틀러는 국방군 수뇌부와의 회담에서 앞으로 있을 대소전쟁에서는 정치위원을 포로로 잡지 말고 살해하라는 방침을 세웠다. 국방군 최고사령부 통수막료부統帥幕僚部는 히틀러의 의향을 반영한 '코미사르 지령'(정식 명칭은 '정치위원 취급에 관한 방침')이라 통칭하는 명령을 만들었다. 여기에서는 작전지역에서 저항하거나 과거에 저항을 시도했던 정치위원을 '제거'하고, 군 후방지역에서 의심스러운 행동을 하는 정치위원은 출동부대로 넘기도록 정했다.

이 지령은 1941년 6월 6일에 배포는 먼저 각 군과 항공군 사령관까지라는 유보留保를 붙여 육해공 3군 총사령관에게 하달되었다. 그 이하 직급에 있는 지휘관에게는 말로 전달하도록 했다. 국제법에 위반된다는 사실을 알고 있었기 때문에 내린 조치라는 점은 말할 필요도 없을 것이다. 또한 1941년 가을부터는 유대계 소련군 포로도 학살하도록 했다.

이렇게 독일군 포로가 되었던 정치위원과 소련군 유대인 장병은 잔혹한 운명을 강요당했다. 통상의 소련군 포로와 구분한 유대인 중 약 5만 명이 목숨을 잃었다고 추정된다. 정치위원 중에서는 포로로 잡힌 약 5천 명이 전선 지역에서 살해되었고, 별도의 5천 명은 포로수용소나 후방지대에서 처형되었다. 전시국제법을 위반한 살육은 출동부대나 공안 경찰뿐 아니라 국방군 부대에 의해서도 실행되었다.

하지만 코미사르 지령은 엉뚱한 결과를 초래했다. 잡히면 살해당한다는 것을 안 소련군 정치위원들은 가령 포위된 절망적 상황이 닥쳐도 철저히 항전해서 독일군을 힘들게 만들었다. 독일군 전선 지휘관들은 코미사르 지령 철회를 요구했지만, 히틀러는 완고하게 그 뜻을 꺾지 않았다. 포위된 소련군 부대의 투항을 촉구하기 위해서라는 이유로 코미사르 지령이 '실험적'으로 정지된 것은, 겨우 1942년 5월에 이르러서였다.

이렇듯 정치위원에 대해서도 조직적인 살육이 실행되었으니, 포로로 잡힌 일반 소련군 장병도 전시국제법에 따른 대우를 받았을 리 없었다. 그들은 비인간적 환경의 포로수용소에 갇혀 노동을 강요당하다가 죽었다. 그 배경에 있었던 것 또한 '세계관'이었다. 이 책의 '머리말'에서 인용한 1941년 3월 연설에서 히틀러는 유명한 말을 남겼다. 소련이라는 적은 "지금까지 전우가 아니었고 앞으로도 전우가 아니다"라고. 적이라도 전사로서의 존엄을 인정하고 인도적으로 대우하는 것 따위는 하지 않겠다는 의미일 것이다. 따라서 소련군 포로에 대한 대우는 서측 각국 나라의 포로 대우와는 전혀 달랐다.

포로들은 음료도 충분히 공급받지 못하고, 난방도 되지 않는 포로수용소에 빽빽하게 갇혀 매일 중노동에 시달려야 했다. 1941년 단계에서 포로수용소 81곳이 설치되어 있었지만, 질적으로나 양적으로나 충분하지 못했다. 기아, 동상凍傷, 전염병 때문에 소련군 포로 다수가 죽어갔다. 반항했거나 탈주를 도모했다는 이유로 사살되는 포로도 있었다. 그리하여 최종적 통계는 무시무시한 숫자이다. 570만 명의 소련군 포로 중에서 300만 명이 사망한 것이다. 실로 53퍼센트에 달하는 사망률이었다.

이러한 전쟁범죄에 관해서는 특히 독일 국방군의 책

수용소로 연행된 소련군 포로들. 1941년 7월.

임이 크다. 포로에게 최소한의 인도적인 대우를 하는 것은 군의 의무이자 전관 사항專管事項이기도 하지만, 국방군 지휘부는 그것을 게을리했다.

홀로코스트와의 관련

일찍이 유럽 유대인이 절멸한 데는 히틀러가 인종 이데올로기를 동력으로 나치가 정권을 탈취해 유럽 거의 전역을 점령하거나 동맹국으로 만드는 과정에서 실현되고 확대되었다고 설명하기도 한다. 하지만 현재는 나치 독일이 처음부터 유대인 절멸을 기획하고 있던 것이 아니라 국외추방에 실패한 결과, 정책이 강화되었다는 해석이 정착되었다. 또한 추방에서 절멸로 전환도 히틀

하인리히 힘러(왼쪽)과 라인하르트 하이드리히(오른쪽).

러 의도라는 적극적 요인과 그것을 수용한 관련 각 기관의 경합과 급진화라는 소극적 요인이 상호 영향을 주고받은 결과였다는 설이 유력하다. 독소전쟁은 이 과격화에 힘껏 가속기를 밟도록 작용했다는 것이다.

　본래 나치 정권은 그들이 말하는 '유대인에서 해방된' 독일을 실현하기 위해 애초 국외 추방정책을 추진하고 있었다. 공직 추방과 시민권 박탈, 경제적 압박으로 유대인이 스스로 독일을 떠나게 했다. 하지만 유대인 빈곤층이나 고령층은 국외로 도망가려 하지 않았는데, 나치 입장에서는 가장 남겨두고 싶지 않은 분자가 '체류'

하는 모양새였다. 더구나 1930년대 후반부터 행해진 영토 확장으로 인해 나치 독일의 지배를 받는 유대인 수가 급증했다. 개전과 점령지 확대는 이러한 경향에 더욱 박차를 가했다. 알다시피 유대인의 해외 이주로가 차단되었기 때문이다.

나치 독일은 점령하의 폴란드(폴란드 총독부), 프랑스령 마다가스카르, 대소전쟁 개시 후에는 러시아 일부에 유대인을 대량 이주시킬 장소를 찾기 시작했다. 하지만 어느 곳이든 마땅치 않자 조직적인 절멸 정책으로 방향을 바꾸었다. 1941년 3월에는 하이드리히가 괴링과 함께 대소전쟁에서 절멸해야 할 대상에 관해 협의했다. 같은 해 7월 31일 괴링은 '유대인 문제의 최종적 해결'에 필요한 모든 조처를 할 수 있는 전권을 하이드리히에게 부여하고 절멸 정책 총책임자로 삼았다. 9월에 하이드리히는 친위대 대장으로 진급했다.

독소 개전 후에는 앞서 언급한 출동부대가 조직적인 살육을 단행했다. 그들이 얻은 경험을 바탕으로 사살에서 독가스 사용으로 살해 '효율화'가 실행되었다. 1941년 9월 아우슈비츠 강제수용소에서는 소련군 포로 600명 등에 대한 가스 독살 살인 실험이 시행되었는데, 이것은 이

수용소에서 치클론비BZyklonB를 사용한 가스 살인의 최초 사례이다. 같은 해 12월에는 폴란드의 헤움노Chełmno에서 강제노동이 아니라 독일어로 '공장식fabrik·mäßig' 살육을 목적으로 하는 최초의 절멸수용소가 설치되었다. 한편 역시 폴란드 점령지에서 '라인하르트'라는 비밀 명칭으로 영구적인 절멸수용소도 건설되어갔다.

1942년 1월 20일 하이드리히는 베를린 교외 반제Wannsee에 친위대 공안부가 담당하던 보호시설에서 유대인 정책에 종사하는 관련 기관 실무자들을 소집하여 '최종적 해결'을 협의했다. '반제회의'에서는, 노동 가능한 유대인에게는 열악한 조건의 노동을 부과하여 자연스럽게 죽도록 하고, 노동할 수 없는 유대인은 독가스로 살해한다는 계획이 승인되었다. 절멸 정책이 정식으로 국가의 방침으로 채용된 셈이다. 독소전쟁에서 수행했던 절멸 정책이 이제 유럽 각지로 확대되는 시기를 맞이하였다.

굶주리는 레닌그라드

또한 이러한 '세계관'을 바탕으로 한 절멸 정책은 군사적 합리성으로 수행되어야 할 작전지도에도 반영되었다. 1941년 9월 독일 북부집단군이 레닌그라드로 연락하는 길을 차단했다는 사실은 앞서 서술했다. 하지만 북부집단군은 포위한 레닌그라드를 단숨에 함락시키지 않고 도시 사람들을 굶겨 죽이는 전략을 썼다. 군사적으로 큰 손해를 입을 수밖에 없는 시가전을 피할 수 있다는 이유를 들었다. 하지만 히틀러는 실제로 레닌그라드를 '독의 소굴'로 간주하고, 수비대만이 아니라 주민들도 한꺼번에 없애버리길 원했다. 그와 상담을 한 국방군 수뇌부도 "페테르스부르크Petersburg(레닌그라드 옛 명칭. 현재는 상트페테르부르크Saint Petersburg-역주)를 천천히 태워버릴' 것을 희망했다.

북부집단군 사령부에서 근무하고 있던 한 장교는 이렇게 기술하고 있다. "이 도시로 진입할 생각은 없다." 레닌그라드는 "볼셰비키 혁명의 탄생지"이기 때문에 "그 옛날 카르타고Carthago처럼 지상에서 소멸시켜야 한다." 이리하여 북부집단군 휘하의 제18군이 대도시 레닌그라드를 에워싸서 외부에서 오는 물자수송을 차단하게 되었다.

1943년 1월 18일에 포위망이 풀리기까지 독일군 봉쇄로 인해 레닌그라드 시민이 겪은 비참함은 글로 표현

식료로 삼기 위해 길에 쓰러져 죽어있는 말을 해체하는 여성.
1941년 레닌그라드.

하기 어려울 정도이다. 비축된 식량이 거의 바닥난 상
태로 포위된 시의 배급은 도저히 목숨을 유지할 수 없
을 정도의 양까지 줄었다. 예를 들어 1941년 말, 빵 배
급은 하루에 125그램에 불과했다. 기아가 레닌그라드
에 만연했다. 어떤 의사 한 명은 다음과 같이 회상하고
있다. "12월이 되자 굶주림에 추위까지 닥치고 공공교
통기관이 정지하자 사람들이 죽기 시작했다. 얼어서 죽
고 굶어서 죽은 사람들은 성실하게 그 (노동의) 의무를 마
쳤다. 하루에 125그램의 빵과 썩은 양배추 잎사귀나 빵
가루로 만든 수프를 먹는 일이 일쑤였는데도 수십 킬로
미터나 되는 거리를 터벅터벅 걸어갔다."

이렇듯 곤경에 빠지자 인육식人肉食이 횡행하기 시작

했다. 1941년 12월 13일 내무인민위원회 문서에는 처음으로 인육식에 관한 보고가 등장한다. 1942년 12월까지 내무인민위원회는 사육식死肉食과 인육식 혐의로 2,105명을 체포했다. 다만 당시 레닌그라드 내무인민위원회는 체제에 순종하지 않는 사람들을 체포하는 명목으로 인육식 혐의를 씌웠다고도 전해지고 있어 실제 수는 확실치 않다. 더욱이 인육식에 관한 내무인민위원회 보고가 공개된 것은 겨우 2004년이 되어서였다.

시민 사망률도 갑자기 높아졌다. 1941년 10월에는 그때까지 월평균 사망 수보다 약 2,500명이 늘었고 11월에는 약 5,500명이 늘었으며 12월에는 대략 5만 명까지 늘었다. 더구나 독일 제18군에게는 시민의 항복을 받아들이지 말라는 명령이 하달되어 있었다. 독일 제18군 휘하 여러 부대의 기록에는 "포위를 돌파하면서 반복적으로 여자, 아이, 무방비 상태의 노인을 저격했다"라고 기재되어 있다.

그렇지만 레닌그라드 참상을 초래한 것은 독일군만이 아니었다. 혁명의 성지를 돌보지 않는 것을 달가워하지 않았던 스탈린은 적이 레닌그라드 문 앞까지 몰려와도 시민의 일부만 피난을 시켰다. 그 결과 약 300만 명이 독일군의 포위 아래 놓였다. 또한 레닌그라드 방위 태세를 유지하기 위해 내무인민위원회 비밀경찰도 냉엄한 대응을 취했다. 동요하는 자, 통제에 따르지 않는 자를 '시민의 적'으로 내몰았다. 1942년 6월에서 9월까지 레닌그라드에서는 9,574명이 체포되었고 그중 '반혁명 집단' 625명이 '근절'되었다.

결국 900일이나 지속된 포위 결과, 100만 명 이상이 희생되었다고 하지만, 정확한 숫자는 확인할 수 없다. 히틀러는 모스크바와 스탈린그라드도 같은 운명에 빠뜨릴 작정이었다고 주장하는 연구자도 있다. 알다시피 군사적 패배로 인해 현실에서 이루어지지 못했다.

4. '대조국전쟁'의 내실

스탈린주의의 테러 지배

1920년대 말에 형성되기 시작하여 1930년대에 완성된 스탈린 독재는 개인 숭배, 비밀경찰에 의한 통제를 전제로 한 공포정치, 체제에 불만을 품은 자를 체포하고 추방하는 특징을 지녔다. 스탈린의 '적'으로 여겨진 사람들은 처형되거나 시베리아 노동수용소에 갇혔다. '스탈린주의'로 불리는 이러한 통치는 독소불가침조약에 부속하는 비밀의정서를 근거로 소련이 서방으로 세력을 뻗으면 국외로도 확장될 수 있었다. 점령된 발트 3국과 폴란드 동부에서는 성직자, 대학교수, 관리, 군장교라는, 소련에 대해 저항의 핵이 될 수 있는 분자의 살해와 추방이 실행되었다.

그중에서도 악명 높았던 것은 카틴학살zbrodnia katyńska일 것이다. 1940년 3월 5일 내무인민위원회는 소련군 포로가 된 폴란드군 장교의 말살을 제안했다. 스탈린과 소련공산당 정치국은 이를 승인하고 스몰렌스크 서쪽 20킬로미터 지점에 있는 카틴 숲에서 포로로 잡힌 폴란드군 장교를 대량 사살했다. 그 외에도 칼리닌과 하리코프 감옥에서 처형된 폴란드군 장교(경찰 간부도 포함)의 총수는 2만 2천에 달한다고 추정된다. 이러한 만행의 목적이 군사적 저항운동의 싹을 자르는 것에 있었음은 두말할 필요도 없다.

이러한 국내외 억압의 주역이 된 것은 비밀경찰이었다. 소련의 비밀경찰은 1917년에 레닌이 창설한 '체카

Cheka'가 국가정치국GPU, 국가정치보안부OGPU로 개칭 및 확충되었다가 1934년에 외국의 내무성에 해당하는 기관인 내무인민위원회로 통합되었다. 이로써 통제기능을 강화한 내무인민위원회는 1930년대 후반에 공산당과 군 내부의 숙청을 담당했다. 또한 국민 사이에도 체제 측의 스파이나 밀고자의 망을 넓혀서 테러 지배의 태세를 완성했다.

하지만 1941년 6월 22일 독일의 기습을 받은 소련군이 대패함과 동시에 스탈린주의 취약성도 드러나게 되었다. 우크라이나와 옛 발트 3국에서는 독일군이 스탈린 체제의 해방자로서 환영받았다. 또한 개전 후 반년 사이에 수백만 명의 소련군 장병이 포로로 잡혔다는 사실을 스탈린주의에 대한 일반적인 거부의식의 표출로 보는 것은 대체로 서방측 연구자들이 동의하는 점이다. 다만 독일군과 친위대의 잔혹 행위가 드러나게 되자 반스탈린 의식도 점차 사라지고 민중도 체제를 지지하는 것으로 바뀌었다고 평가한다.

이러한 사실을 근거로, 독일군이 반 스탈린적 민중 감정을 이용해서 그들에게 합당한 대우를 해주었다면 대소전쟁에 승리할 수 있었다고 추측하는 주장도 있다.

하지만 지금까지 살펴본 바와 같이 독일의 소련 침공은 인종주의적 수탈을 전제로 한 것이었으므로 그런 유의 논의는 역사의 가정법으로도 성립될 수 없다.

내셔널리즘의 이용

앞서 말한 주장에 의문을 품게 되는 사실도 존재한다. 독일의 만행이 알려지기도 전에 이미 수백만 명이 붉은 군대에 지원했다. 또한 분명히 소련군은 많은 수가 포로로 잡히기도 했지만, 한편으로는 집요한 저항을 계속해서 독일군을 괴롭혔다. 따라서 예전 서방측 연구자 해석으로는 설명하기 어려운 부분이 분명히 있다.

옛 소련 연구자 중 다수는 지원병 수와 항전의 격렬함이야말로 민중이 체제를 지지하고 있었다는 증거라고 주장해왔다. 그렇지만 이러한 주장을 받아들이면 앞서 말한 독일군이 '해방군'으로 여겨졌다는 사실史實과 어긋난다. 따라서 소련이 개전 직후에 내셔널리즘과 공산주의 체제 지지를 합치시키는 데 성공했다는 점에 주목해야 한다. 스탈린과 소련 정부가 대독전쟁의 명칭을 '대조국전쟁'이라고 정한 것은 이를 상징한다. 이 책의 '머리말'에서 언급한 바와 같이 1812년 나폴레옹 침략을

"독일인 점령자와 함께 죽음을!" 소련의 프로파간다 포스터.
독일역사박물관 소장.

격퇴한 것은 성전聖戰으로 러시아인의 역사적 기억으로
남아있었다. 스탈린은 이번 전쟁을 그 '조국전쟁'에 필
적하는 투쟁, 아니, 그 이상으로 국민의 운명이 걸린 '대
조국전쟁'이라 규정했다.

'대조국전쟁'이라는 명칭은 독일군 침공 다음 날인
1941년 6월 23일 공산당기관지 『프라우다Pravda』에 발
표된 논설에서 처음 등장했고, 곧바로 대독전쟁의 공식
호칭이 되었다. 그것은 스탈린주의를 향한 혐오를 억제
함과 동시에 러시아혁명 이후 공산주의 정권이 달성해

온 공업화와 생활 수준 향상 등의 성과를 호소하고 그러한 결과물을 만들어낸 체제와 조국을 동일시하는 메타포였다. 즉 내셔널리즘과 공산주의 체제의 옹호가 융합되었다.

이것을 좀 더 구체적으로 살펴보기 위해서는 미국의 소련 연구자 로저 R. 리즈Roger R. Reese의 설명이 유효하다. 리즈는 압도적인 수의 국민이 소련군에 지원한 이유 일곱 가지를 들고, 그것들을 내적 요인과 외적 요인으로 구분했다.

내적 요인은 자신들의 이해, 개인적 경험에서 야기된 독일인에 대한 증오, 스탈린 체제의 이점에 대한 평가, 선천적인 조국애이다. 조국애는 러시아라는 역사적 관념 또는 사회주의 실험을 향한 신념을 토대로 생긴 것이다. 이 두 가지 요소로 인해 반드시 스탈린주의의 국가를 지지하지는 않더라도 국민에게 애국적 동기부여를 갖게 만들 수 있었다.

외적으로 간주되는 요인은 국가에 의해 형성되거나 사회적으로 생성된 것이었다. 다시 말해서 지원하지 않거나 징병을 피하다가 처벌받는 것을 두려워하여 공식 프로파간다가 내건 적에 대한 증오, 사회의 동조 압력이었다.

　이러한 요인으로 인해 내셔널리즘과 공산주의 체제 옹호가 융합된 위에 대독전쟁의 정당성이 부여되었다. 1941년 6월 22일 독소 개전을 알리는 연설에서 몰로토프는 이렇게 선언했다. "우리들의 대의는 선善이다. 적은 궤멸할 것이다. 승리는 우리들의 것이다."

　이렇게 동원된 소련 국민은 전쟁 수행을 향한 강한 의욕을 보였다. 사례 하나를 들자면, 노동자들은 '파시스트의 침략자'를 쳐부수기 위해 일주일 동안 하루에 8~12시간 근무태세를 감수했다. 독일의 연구자 크리스티안 할트만Christian Hartmann이 말하는 "소련의 국가성과 대러시아적 색채, 기술적 모더니티와 역사적 신화의 지극히 특수한 합금, 소련 애향주의"가 탄생하여 볼셰비키 이데올로기의 여러 요소와 혼합되었다.

　그 결과 소련 측에서도 대독전쟁은 통상의 전쟁이 아니라 이데올로기로 규정된, 교섭에 의한 타협 따위는 생각할 수 없는 전쟁이 되어버렸다. 이러한 소련 측의 '세계관'은 독일의 그것과 대립하는 가운데 한층 더 과격해져서 독소전쟁을 참혹하게 만들어갔다.

파르티잔으로 처형되기 전의 여성들. 1941년 민스크.

파르티잔

앞서 살펴본 바와 같이, 소련의 국민 동원이 확실한 효과를 보인 것은 파르티잔 투쟁이었다. 개전 직후 스탈린은 '파시스트 억압자에 대한 조국국민전쟁', 즉 파르티잔 활동을 펼치도록 점령당한 지역 주민에게 요구했지만, 반응은 신통치 않았다. 파르티잔을 조직하기 위해 간부 요원이 낙하산을 타고 투입되기도 했으나 그들 대부분은 소식이 끊겼다. 이 시기에 독일군을 괴롭힌 것은 파르티잔이 아니라 격파된 소련군 부대의 잔존 병력이었다. 그들은 숲이나 습지에 숨어서 기회가 생기면 독일군의 후방 연락선을 공격했다.

사태를 위험하다고 인식한 독일군은 주민을 인질로

삼아 죽이고, 소련 패잔병은 포로라 하더라도 그 자리에서 사살하라는 명령을 내렸다. 물론 이것은 스탈린의 내셔널리즘에 의한 동원 효과와 맞물려 오히려 진짜 파르티잔을 만들어내는 역효과를 낳았다. 1941년 가을 이후 독일군 후방지역에 대한 공격이 다수 발생하기 시작했다. 독일군 전선 후방에서 유력한 파르티잔 부대가 산발적으로 나타나더니, 1942년 봄까지는 모스크바 '중앙참모부'의 통일된 지휘를 받는 큰 전투 조직으로까지 성장했다.

　1942년 9월 스탈린은 격문을 띄웠다. 이 전쟁이 간부 요원만이 아니라 전 국민의 책임이 되는 순간이 왔다는 선언이었다. 교량과 도로 시설이 파괴되고 독일군의 후방거점이 공격당했다. 마침내 소련의 파르티잔은 전선의 전투부대를 빼내서 펼치는 제압 작전이 필요할 만큼 위협적이었다.

소련군에 의한 포로 학대

　독일군에게 잡힌 소련군 포로가 가혹한 취급을 받다가 매우 높은 비율로 죽은 것은 이미 앞에서도 언급했다. 하지만 포로에 대한 소련군의 대응도 결코 전시국제법에 부합하는 인도적인 대우는 아니었다. 개전부터 수개월까지는 포로로 잡힌 독일 병사를 그 자리에서 죽이는 일이 종종 있었다. 독일 측이 정치위원은 포로로 삼지 말고 그 자리에서 살해하라는 지령을 내렸다는 사실을 소련군 장병이 알고는 보복 조처를 했던 셈이다. 이것이 멈춘 것은 포로에게 정보를 얻지 못하는 점을 우려한 붉은 군대 대본영(독소개전 다음 날 1941년 6월 23일 스탈린의 비밀지령으로 설치된 소련군 최고사령부, 국방인민위원[다른 나라 국방대신에 해당]가 의장이다)이 포로를 학살하면 처벌한다는 지령을 내린 후였다.

하지만 이러한 조처가 내려졌다 한들 독일군 포로 생명이 안전할 리는 없었다. 우선 임시수용소나 포로수용소로 향하는 도중에 장병 다수가 목숨을 잃었다. 의사의 처치는커녕 먹을 것도 없이, 때로는 수 주일간에 이르는 도보 행진에 내몰려 견딜 수 없었기 때문이다. 포로수용소에 들어가서도 파괴된 건물이나 지하 참호, 천막 등에서 잠을 자는 처지에 중노동까지 강요받았다.

포로의 급식 양도 최악이었다. 하루에 470~670그램의 빵이 제공되었다는 기록이 남아있다. 하지만 그 빵도 이따금 대량의 물을 부어서 무게를 늘린 것이었다.

부식물도 감자 껍질과 생선 대가리, 개나 고양이 고기가 나왔다고 전해진다. 여름에는 포로가 들풀 뽑기에 동원되었고 그것으로 수프를 끓여서 먹다가 독초를 먹기도 해서 많은 사망자가 나온 사례도 있었다.

이러한 열악한 환경에서 기아와 전염병에 의한 사망, 동사, 쇠약해져 죽는 경우가 계속 발생했다. 1941년 6월 개전 때부터 1943년 2월까지 17~20만의 독일군 장병이 포로로 잡혔지만, 그중 포로수용소에서 살아남은 사람은 5퍼센트에 불과하다고 추산되고 있다. 포로에 관한 소련군의 대우는 독일군만큼은 아니었다 해도 독일군과 같이 국제법을 짓밟은 참혹한 것이었다.

4장
조류의 역전

1. 스탈린그라드로 향한 길

소련군 동계공세의 좌절

이제 군사 측면의 전개로 되돌아가 살펴보도록 하자. 1941년 12월 5일 독일군의 모스크바 공략 작전은 보급 부족과 악천후, 소련군의 완강한 저항에 부딪혀 중지되었다. 이날 모스크바 지역의 기온은 영하 25~30도, 적설량은 1미터 이상이라 기록되어 있다.

소련군은 극한을 무릅쓰고 반격에 나섰다. 독일군 공격이 멈춘 5일 오전 3시, 모스크바 북방의 도시 칼리닌 주변에서 예비공격이 가해졌다. 다음 날 모스크바 전면에서 3개 군대가 공격을 했다. 독일군은 마침 공격에서 방어로 전환하는 도중의 취약한 상태였기 때문에 최악의 순간에 직면한 것이었다. 그 결과 독일군은 대폭 후퇴하며 저항거점을 포기할 수밖에 없었다. 공세 개시한 지 2일째 되던 날, 소련군은 모스크바의 북과 서에 위치하는 여러 도시를 탈환할 수 있었다. 모스크바 전면에 있던 독일군 부대는 포위당할 위기 때문에 중장비와 차량 대부분을 버리고 패주했다. 모스크바 남방에서는 독일 제2장갑군이 대타격을 입고 퇴각할 수밖에 없었다.

전선으로 향하기 전에 붉은 광장에서 행진을 하는 소련군 병사들.
1941년 모스크바.

이후 이 지역에서 소련군은 엄청난 진격을 했는데 그
거리가 80~100킬로미터나 되었다.

이렇게 모스크바를 남북으로 노리던 독일군도 1942
년 초에는 완전히 격퇴되었다. 그중에는 250킬로미터
나 후퇴한 부대도 있을 정도였다.

하지만 모스크바 전면에서 반격에 나선 소련군 부대
들은 사실, 장비도 풍부하지 않거니와 충분한 보급도
받지 못하는 상황이었다. 그 대부분은 직전까지 싸운
수도 방위전으로 소모되어 있거나, 긁어모은 병력과 빈
약한 병기와 장비밖에 없는 신편 부대였다. 예를 들어
서부전선군 휘하의 제10군(두 번 궤멸이 된 후, 1941년 11월 24
일자로 제3차 편성됨) 등은 그 전형적인 사례로, 중포나 전
차도 없고 보병 화기, 통신기기, 공병 자재, 트럭 등도

전반적으로 부족했다. 이러한 실정으로 본다면, 모스크바 반격의 성공은 마지막 전력을 투입하여 획득한 것이었다고 할 수 있고, 그 본래 목적도 수도 전면의 위협을 배제하는 것밖에 없었다.

그런데도 기대 이상의 승리에 기고만장해진 스탈린은 1942년 1월 7일 거의 모든 전선에 걸친 공세를 명했다. 북으로는 레닌그라드 포위망을 무너뜨리고, 모스크바 전선에서는 독일 중부집단군을 격멸시키고, 남으로는 하리코프 주변의 공업 및 자원지대를 탈환하여 크림반도를 해방하는 것이 목표였다. 앞서 서술한 바와 같이 피폐해지고 겨우겨우 편성된 부대에 너무도 지나친 요구였다.

당연한 일이지만 스탈린의 총반격은 모두 실패했다. 레닌그라드를 구하라는 명을 받은 볼호프전선군 Volkhovskii front은 새로 생산된 포를 받았지만, 조준 장치가 장착되어 있지 않았고, 그마저도 소련포병 총국장관이 포를 가득 실은 수송기를 타고 직접 전송하는 형편이었다. 이러한 부대로 하는 공격이 성공할 리 없었고, 레닌그라드 포위망도 무너뜨리지 못한 채 군 몇 개가 반격을 당해 고립되고 말았다.

모스크바 서부 공세도 용두사미로 끝이 났다. 각지에서 독일군에게 타격을 입히고 돌파구를 열었지만, 선봉 부대에 충분한 병력을 지원하면서 전과戰果를 확장할 수 없었다. 남부 러시아의 공세도 이지움Izyum 부근에서 전선 충돌부를 만들어 크림반도 동쪽 끝 케르치Kerch반도에 교두보를 구축하는 것으로 그쳤다. 스탈린은 전부를 얻으려고 하다가 아무것도 얻지 못한 셈이다. 독일군은 간신히 궤멸을 면했다.

사수 명령과 통수 위기

하지만 소련군의 동계 연속 공세, 특히 1941년 12월부터 다음 해 1월까지의 공세는 무적이라 불리던 독일군에게 처음으로 패배의 쓴맛을 선사함과 동시에 심각한 위기감을 안겨주었다. 히틀러는 이러한 곤경에 대처하기 위해 1941년 12월 16일, 현재 있는 지역을 사수하라는 무자비한 요구를 내렸다. 군사령관이나 집단군사령관이라 해도 총통 허락이 없이는 조금의 후퇴도 명할 수 없게 되었다.

육군 총사령관 브라우히치 원수를 비롯하여 이 방침에 반대했던 고위 군인들은 하나둘씩 해임되었다. 그중에는 독일군 장갑부대 창설과 발전에 혁혁한 공을 세웠던 제2장갑군 사령관 구데리안 상급 대장, 육군의 원로 격인 남부집단군 사령관 게르트 폰 룬트슈테트Gerd von Rundstedt 원수도 포함되었다. 사수 명령이 '통수統帥 위기'를 초래한 셈이다.

'파울 카렐'이라는 필명으로 활동한 파울 슈미트나 국방군 전 장관 중 몇 명은 전후에 본 사례와 관련해서 히틀러의 사수 명령은 옳았다고 주장했다. 가혹한 상황 속에서 대폭적인 퇴각을 허용하면 그것은 분명히 궤주潰走(전쟁에서 패하여 흩어지고 달아남-역주)로 이어졌으리라는 주장이다. 하지만 오늘날에는 이러한 주장이 성립하지 않는다. 소련 붕괴 후 기밀 해제로 공개된 문서에는 당시 소련군이 반드시 충분한 타격력을 보유하지는 못했음을 알 수 있다. 전쟁사 연구자 글랜츠와 하우스가 주장한 바와 같이 "독일군이 살아남은 것은 '사수' 명령 때문이 아니라 소련군이 실행 가능성 이상의 것을 시도했기 때문"이었다.

그렇지만 소련군의 동계공세와 이 때문에 발생한 통수 위기는 생각지도 않은 효과를 불러일으켰다. 히틀러가 정권 장악한 후에도 국방군, 특히 육군은 독립된 지위를 유지하면서 나치스를 전면적으로 따르지는 않았다. 1940년 프랑스와 전쟁에서 전격적으로 승리한 뒤 히틀러의 위신은 극도로 높아졌지만, 국방군은 여전히 독자적 지위를 유지하고 있었다. 하지만 통수 위기로 육군 수뇌부 중 적지 않은 부분에서 현역이 물러났다. 특히 주목해야 할 것은 브라우히치 후임으로 히틀러가 스스로 육군 총사령관 지위에 취임한 일이다. 즉, 통수 위기는 히틀러에게 반대 의견을 제기할 것 같은 장군들을 멀리하고, 총통의 군사 지휘권을 절대적으로 만드는 효과를 가져왔다.

앞서 서술한 바와 같이 1941년부터 1942년에 걸친 겨울에 독일군을 궤멸에서 구한 것은 소련군이 자신의 실력도 모르고 전면 공세를 강행한 탓이었다. 하지만 사수 명령이야말로 위기 극복의 묘수였다고 확신한 히틀러는 자신의 군사적 재능을 믿어 의심치 않게 되었다. 이후 그는 군인들의 반대를 무릅쓰고 군사적 합리성을 벗어난 지령을 남발하고 말았다.

모스크바인가 석유인가

어쨌든 1942년 봄이 되어 얼음이 녹고 진흙탕이 되자 대규모 군사작전의 실행이 불가능해졌다. 전선은 교착 상태에 빠졌고, 독일군과 소련군은 모두 전력 회복을 도모했다.

독일 동부군은 엄청난 손해를 입은 상태였다. 그것을 단적으로 알 수 있도록 군을 움직이는 리더 격인 장교의 사망자 수를 보도록 하자. 1941년 6월 말에서 1942년 3월까지 사망한 장교는 1만 5천 명이었다. 1939년 개전부터 소련 침공까지 약 2년 동안 사망한 장교가 1,250명이었던 것을 생각한다면, 이 숫자가 의미하는 바가 분명해진다. 더구나 사망한 장교들 중 대부분은 전선에서 직접 지휘하던 위관급尉官級(소위에서 대위까지) 장교였기 때문에, 이는 곧바로 부대 전력 저하로 이어졌다.

이 같은 냉엄한 사실은 독일군 수뇌부도 잘 알고 있었다. 1942년 3월 말에 육군 참모본부가 실시한 동부군 전력 조사에 따르면 '모든 임무에 적합'한 것은 전체 부대의 5퍼센트에 불과한 8개 사단이었다. '바르바로사' 작전 개시 직전의 전력 조사에서는 동부군 소속 사단 전체 중에서 64퍼센트가 앞의 범주에 속해서 공세 투입이 곧바로 가능했었지만, 9개월간 이어진 격전은 동부전선의 전력을 이만큼이나 떨어뜨린 것이다.

물론 독일군은 손해를 보충하려고 1941년 12월에 28만 2,300명을 추가로 소집했지만, 이것은 밑 빠진 독에 물 붓기였다. 이들 신병은 훈련이 필요했고, 그들 중 삼분의 이는 생산력을 희생해가며 군수공업의 노동자를 징병해 채운 숫자였다.

물질적 소모도 막대했다. 예를 들어 중부집단군은 모스크바 전면에서 철퇴할 때 다수의 중장비를 상실했다. 그 결과 1942년 1월 31일 조사에 따르면, 중부집단군은 대전차포 4,262문, 박격포 5,869문, 대형화포 3,361문이 부족할 정도였다. 또한 1942년 3월 말에는 동부전선에 있던 장갑사단 18개의 가동 전차를 모두 합쳐도 140량 밖에 안 되는 사태가 벌어졌다. 통상의 경우라면 이 수량은 1개 장갑사단의 보유 수량이다.

이렇듯 힘든 상황을 보고 히틀러도 방침을 바꾸었다. 전년 여름에 거둔 동부전선 승리에 현혹된 히틀러는 소련 붕괴가 가까워졌다고 생각하고, 군비의 중점을 대영 전쟁 수행에 쏟기로 결심, 해군과 공군의 장비생산을 육군의 장비생산보다 우선시하도록 명했다. 하지만 군비의 우선순위는 다시 역전했다. 1942년 1월 10일 히틀러가 육군 전선부대의 장비를 보충하고 기계화를 추진하기 위한 장비생산을 최우선으로 하도록 명한 것이다. 그렇다고 해서 노동력과 원료 및 비료 부족이 즉각 해소된 것도 아니었기에 독일의 생산력 증강은 답보 상태에 빠졌다.

이러한 상황에서 전쟁 2년째에 돌입한 동부전선에서는 무엇을 해야 했을까.

히틀러의 승인을 받아 1941년 9월 1일 육해공 삼군총사령관과 외무대신에게 배포된 국방군 최고사령부 장관 각서에는 "러시아 붕괴는 다른 전선에서 차출한 모든 병력을 사용해서라도 달성해야만 하는, 다음의 결정적 목표이다. 이것이 1941년 중에 실현되지 않는 한, 1942년에도 동부 작전의 지속을 최우선으로 한다"라고 적혀있었다. 만일 대서양의 우발적 전투로 미국과 전쟁에 돌입한다면 "다른 전선에서 차출한 모든 병력을 사용"하는 것도 곤란해졌을 것이다. 하지만 일본의 참전으로 일단은 영미의 전력이 극동으로 쏠려 있었다. 이렇게 좋은 기회를 살려서 1942년에 소련을 타도하는 것은 독일의 지상 명제였다.

하지만 히틀러와 육군 수뇌부 견해는 또다시 대립했다. 육군 총사령부가 정치적·경제적 중심인 모스크바 공략을 다시 시도해야 한다고 주장하는 한편, 총통은 코카서스의 석유를 탐냈다. 1942년 봄에 전선을 방문했을 때 히틀러는 마이코프Maykop와 그로즈니Grozny의 석유를 확보하지 못하면 전쟁을 그만두어야 한다고 말했다. 그에게 석유는 전쟁 승패를 가르는 목표였다.

하지만 앞서 서술한 바와 같이 약해진 동부군을 고려한다면 '바르바로사' 작전처럼 모든 전선에 걸친 공세는 물론이고 모스크바와 석유라는 두 마리 토끼를 쫓는 것은 불가능했다. 어느 것 하나를 선택해야 했다. 결정권을 쥐고 있는 것은 물론 히틀러였다.

'청색' 작전

4월 5일, 1942년의 작전을 정한 총통지령 제41호가 하달되었다. 경제적 목표에 주안점을 둔 '청색Blau' 작전 (6월 30일부터 비밀 명칭을 브라운슈바이크Brunswick로 변경)이 결정된 것이다. 여기에는 "제일 먼저 남부 전선 지역에서 주된 작전을 펼치기 위해 사용할 수 있는 모든 전력을 집중한다. 그 목적은 돈강 전방의 적을 섬멸한 후, 코카서스의 유전 및 코카서스산맥을 넘는 통로까지도 확보하는 것"으로 정해졌다. 모스크바인지 석유인지라는 명제에서 히틀러는 후자를 선택하였다.

이렇듯 정치적 목표보다도 군수 경제상 요충을 노리는 구상이라는 점이 '청색' 작전의 뚜렷한 특징이었다. 그렇지만 군사적으로도 주목해야 할 점은 있다. 1941년에 독일 동부군은 3개 집단군을 최대한 활용하여 발트해에서 흑해까지 약 3,000킬로미터 전선에 걸쳐 작전과 전술상의 승리만이 아니라 소련 타도를 목적으로 한 전략 공세를 취했다. 하지만 1942년에는 모든 전선에서 공세를 실행하는 것이 이미 불가능했기 때문에 남부집단군, 즉 불과 1개의 집단군에 전력을 집중하여 소련을 굴복시킬 수 있는 타격을 가하도록 시도할 수밖에 없었다(단, 총통지령 제41호에서는 동부전선의 작전 목적은 하나씩 단계적으로 달성해가다가 조건이 갖추어지면 레닌그라드 공략을 실행하게 되어있었다). 바꾸어 말하면 1942년의 독일 동부군은 아직 전략 공세를 수행할 힘은 있었지만, 그것은 한정적이자 빈약한 것일 수밖에 없었다.

또한 '청색'은 작전 측면에서도 문제가 있었다. 지도

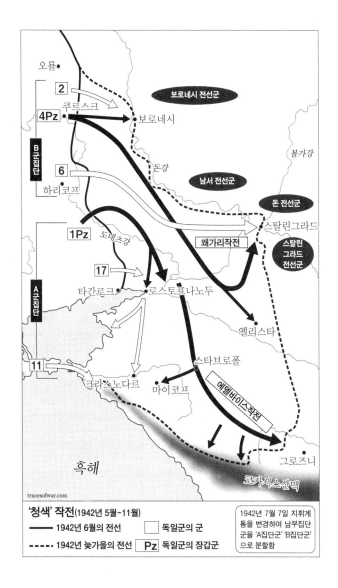

오룔•

2

보로네시 전선군

쿠르스크•

4Pz •

보로네시•

볼가강

B군집단

돈강

남서 전선군

6

돈 전선군

하리코프•

1Pz

도네츠강

스탈린그라드•

왜가리작전

**스탈린
그라드
전선군**

17

타간로크•

로스토프나도•

A군집단

엘리스타•

11

스타브로폴•

크라스노다르•

마이코프•

에델바이스작전

흑해

그로즈니•

코가서스산맥

tracesofwar.com

'청색' 작전 (1942년 5월~11월)

— 1942년 6월의 전선

☐ 독일군의 군

---- 1942년 늦가을의 전선

Pz 독일군의 장갑군

1942년 7월 7일 지휘계
통을 변경하여 남부집단
군을 'A집단군' 'B집단군'
으로 분할함

를 보면 일목요연하게 알 수 있는데, 유전지대로 향하는 부대가 코카서스로 돌진하면 할수록 그 동쪽 측면은 늘어지게 되어 소련군 반격에 매우 취약해진다. 동쪽의 스탈린그라드와 남쪽의 코카서스에 대한 양 전선의 작전이 되어버린다.

이러한 사태에 빠지는 것을 피하려고 '청색'은 제1단계에서 돈강 유역에 있는 소련군을 섬멸해서 소련군의 위협을 제거하는 것을 대전제로 삼았다. 그렇게만 되면 다음 단계인 유전지대로 향하는 부대가 코카서스로 진격하는 중에 동쪽 측면을 위협당할 일은 없어진다. 또한 소련 야전군 격멸이라는 목적이 달성된다면, 스탈린그라드를 반드시 점령할 필요는 없으므로, 화포의 사정거리 내에 스탈린그라드를 두고 소련 경제에서 중요한 의미를 지니는 볼가강 수운을 끊기만 해도 좋다고 보았다. 실제로 '청색' 작전 발령 당시에는 스탈린그라드를 무력화시키는 것만으로도 충분하다고 인식되고 있었다.

더구나 히틀러는 나중에 크게 불리해지는 잘못을 범했다. 앞서 말했듯이 독일 동부군은 '바르바로사' 작전 발동 이후 손해를 크게 입고 병력 부족 때문에 고민하고 있었다. 그래서 남부집단군의 동쪽 측면, 돈강 연안의 전선 엄호에 추축군의 동맹국인 이탈리아, 헝가리, 루마니아의 러시아 파견군을 할당하기로 했다. 이들 3개국의 군은 장비와 훈련 측면에서 독일군보다 못했을 뿐 아니라 소련군에게 대항하는 것이 곤란한 상태에 있었다. 따라서 3개국의 군이 담당했던 전선은 소련군 반격에 직면하자마자 제방이 무너지듯 돌파구가 되어버렸다.

맹신했던 승리

한편 스탈린은 선수를 칠 것이 아니라 독일군 공세를 흡수해서 반격에 나서야 한다는 장군들의 진언을 받아들여 전략적 방어를 기본 방침으로 정했다. 하지만 스탈린도 잘못을 범하고 말았다. 독일군이 1942년에 노린 것은 남부 러시아와 코카서스가 아니라 전년과 마찬가지로 수도 모스크바라고 굳게 믿었다. 결과적으로 스탈린은 소련군의 모든 예비를 주코프에게 일임하고 모스크바 지구에 배치하였다.

단 전년 겨울 공세로 독일군이 매우 약해졌다고 확신했던 스탈린은 남부의 하리코프 주변 및 크림반도에서 적의 전력을 감쇄시키기 위한 한정된 공세를 명했다.

하지만 이러한 반격은 독일군이 남부 공세를 위해 병력을 집중시키고 있는 것을 간과한 것이고, 결국은 자신들의 병력을 소모할 뿐이었다.

하리코프 공세는 처음에는 성공을 거둘 수 있었지만, 독일군의 교묘한 반격으로 격퇴되었다. 남서전선군Yugo-zapadnyi front은 큰 손해를 입고 패퇴했다. 크림반도의 전황도 마찬가지였다. 독일군에게 포위당한 요새이자 군항인 세바스토폴Sevastopol을 해방하려고 계속 공격하던 크림전선군Krymskii front은 심한 타격을 입었다. 측면을 공격당해 패배하고 만 것이다. 이 전투 결과, 크림전선군이 방해하지 않으리라고 생각한 독일군은 6월 2일 세바스토폴 요새 공략에 착수했다. 독일은 화포 다수와 항공기 지원을 받아 공격에 성공, 7월 1일 요새를 함락했다.

이렇듯 전초전에서 소련군은 참패를 당했지만, '청색' 작전의 준비를 지연시키는 효과는 있었다. 6월 1일 남부집단군 사령부를 방문한 히틀러는 공세 발동일을 6월 28일로 연기하는 것을 승인했다.

하지만 6월 17일 독일군 수뇌부를 뒤흔드는 사건이 발생했다. 정찰 중인 작전참모를 태운 항공기가 대공사격을 받아 소련군 전선 후방에 불시착한 것이다. 이 참모는 기밀 보유 규칙을 어기고 '청색' 작전 관련 문서를 소지하고 있었고, 그것이 소련군 수중에 들어갔다. 즉 '청색' 작전 개요는 소련군이 알고 있다고 생각할 수밖에 없었다. 하지만 28일 시작될 작전계획을 이제야 변경할 수도 없었다. 독일군은 적이 알고 있을 작전을 강행할 수밖에 없었다.

그렇지만 독일군 공세는 모스크바로 향할 것이라는 고정관념에 사로잡혀 있던 스탈린은 이와 같은 귀중한 정보조차도 기만 공작이라 여겨서 묵살하고 만다. 예비 병력은 남부로 돌아오지 않고 여전히 모스크바 지역에 머물렀다.

1942년 6월 28일 발동된 '청색' 작전은 다시 기습적으로 이루어졌다. 독일 제2군, 제4장갑군(1942년 1월 제4장갑집단에서 개편), 헝가리 제2군이 공세를 개시해서 돌파구를 넓혀갔다. 2일 후에는 큰비가 내려 작전 개시를 연기하고 있던 독일 제6군도 하리코프 동부에서 공세를 가했다.

스탈린은 기계화부대 반격으로 적을 막아내라고 명했다. 하지만 이제까지 대규모 기동전 경험이 부족했던 소련 전차집단은 독일군에게 농락당하며 각개격파되고 말았다. 이때 스탈린과 붉은 군대 대본영은 여전히 남부 공세가 지엽적인 공격에 불과하다고 생각했다. 사실 7월 5일이 되어도 독일군의 주공은 여전히 모스크바로 향할 것이라 믿고 있었기 때문이다. 그래서 남부 러시아에 있는 여러 부대도 한정적인 후퇴만 허락하고 있다가, 7월 10일이 되어서야 스탈린은 겨우 사태를 인식하고 대폭적인 철수를 인정했다. 하지만 독일 제6군은 이미 소련군 부대가 퇴각할 지역으로 앞질러 가고 있었다. 이제 스탈린도 독일군의 주요 공세가 남부로 향하고 있음을 깨달았다. 이어서 이틀 동안에 돈강의 동쪽 연안선에 새로운 5개 군을 배치하고, 독일군이 동쪽으로 추가 진격하는 것을 막으라고 지시했다.

한편 독일군은 공세 방향이 동쪽과 남동쪽으로 분리되고 있음을 알아채고, 7월 7일 지휘계통을 변경했다. 남부집단군을 에이와 비 2개 집단군으로 나누었다. A집단군은 코카서스, B집단군은 돈강과 볼가강 사이의 지역을 제압하도록 했다. 그동안 A집단군이 공세를 다시 시작해서 아조프Azov해의 요충지 로스토프나도누를 탈취했다.

일견 눈부신 성과는 있었지만, 초기 단계에서 소련군 주력을 섬멸한다는 작전 목적으로 본다면 매우 불충분했다. 그 지표의 일례로 독일군이 잡은 포로의 수를 들어보자. 그것은 '청색' 작전 발동 후 3주 동안 불과 5만 4천 명에 불가했다. 전년에 있던 대포위 격멸전의 전과와 비교해보면 너무나 보잘것없는 숫자였다.

섬멸의 목적이 달성되지 못한 원인 중 하나로 소련군의 전술 전환이 있었다. 1941년의 쓰디쓴 경험과 이미 언급한 1942년 초여름 공세 전투에서 교훈을 얻은 소련군은 반드시 현재 지역을 사수하려는 방책을 취하지 않았다. 물론 중요 거점이라면 완강하게 항전하겠지만, 무의미한 고수는 하지 않는다. 따라서 이제까지 그래왔듯 전선에 매달려 있다가 돌파하고 우회해온 독일군에게 측면과 배후를 내주고 포위당하는 처지는 면할 수 있었다.

이에 덧붙여 육군 총사령관이 된 히틀러가 동프로이센의 총통 대본영(제2차 세계대전 중 히틀러가 유럽 각지에 설치한 사령소 또는 히틀러의 사령부. 많은 경우 육해공군 수뇌부가 들어있다. 라슈텐부르크[현재 켕트신Ketrzyn] 부근에 설치된 '늑대소굴'이 대표적이다) '늑대소굴Wolfschanze'에서 남부 러시아 전선에 개입한 것도 독일군의 승리를 저해한 이유로 들 수 있다. 근시안적으로 전술상 이해를 고집한 히틀러는 장갑부대를 여기저기 쓸데없이 전진시키거나 과도한 병력집중을 명하여 포위 작전 수행을 방해했다.

결국 남부 러시아에서 코카서스로 향하는 1942년 공세의 중요한 전제, 즉 돈강 유역의 소련군 주력을 섬멸하고 측면과 배후의 안전을 확보한다는 '청색' 작전의 과제는 광대한 지역을 점령했음에도 달성되지 못했다.

위험한 양면 공세

하지만 표면적인 승리에 현혹되어 적을 섬멸했다고 확신한 히틀러는 두 마리 토끼를 쫓기로 마음먹었다. 7월 23일 총통지령 제45호가 내려졌다. 그 첫머리에는 "3주가 넘는 전쟁에서 내가 동부전선 남쪽 날개에 걸었던 광범위한 여러 목표가 대략 달성되었다"라는 선언이 적혀있다. 이어서 반드시 독일군의 전력을 동과 남으로 분산하라는 지시가 내려졌다. A집단군은 코카서스로 돌진하여 그로즈니와 바쿠의 유전을 점령하도록 했다. 이 코카서스 작전에는 산악지대로의 진격에 어울리게 산에 피는 꽃과 연관된 '에델바이스'라는 비밀 명칭이 붙여졌다. 한편 B집단군에게는 스탈린그라드 점령 및 돈강과 볼가강 사이의 육상 교통선과 양 하천의 수상 수송 차단이 명해졌다(비밀 명칭 '왜가리' 작전).

우선 돈강 유역의 소련군 주력을 섬멸하고 이어서 코카서스로 돌진한다는 2단계를 거쳐 진행되었어야 할 작전이 스탈린그라드와 코카서스 양쪽을 겨냥하는 두 개 전선 동시 공세로 변경되었다. 히틀러는 실제로 소련군 주력을 채 섬멸하지 못했는데도 작전을 계속하는 것은 적이 없는 무인의 들판을 가는 것이나 마찬가지라고 믿었다. 따라서 제압만으로 충분했던 스탈린그라드도 점령해야 할 목표로 승격되었다. '스탈린의 마을'이라는 이름을 가진 도시를 함락하면 정치적인 효과가 클 것인데, 게다가 이것은 실현 가능하다고 판단되었다. 이리하여 제2차 세계대전에서도 손꼽히는 격전인 스탈린그라드 공방전으로 가는 길이 열렸다.

새로운 작전으로 독일군은 '청색' 작전 초기에 소련군이 빠진 혼란을 틈타 눈부신 진격을 보여주었다. 7월 26일 '에델바이스' 작전을 발동한 A집단군은 최초 일주일 동안 240킬로미터를 답파했다. 하지만 8월이 되자 A집단군의 전진은 지체되었다. 패주했던 소련군이 태세를 만회한데다가 보급의 곤란이 심각해지기 시작했기 때문이다. 독일 본국에서 돈강까지의 거리는 약 2,500 킬로미터, 또한 돈강 유역에서 A집단군의 최전선까지 약 900킬로미터. 이 먼 거리를 메우기에는 독일군의 철도수송과 공수능력이 너무 빈약했다. 그런데도 8월 9일부터 10일, 이틀에 걸쳐 A집단군은 마이코프 유전을 점령하는 데 성공했지만, 소련군이 퇴각하기 전에 채굴시설을 철저히 파괴했음을 알았다. 이 유전이 다시 가동할 수 있게 된 것은 전후인 1947년이었다.

9월 초까지 '에델바이스'가 시들어버렸다는 사실은 분명해졌다. 하지만 히틀러는 자신의 작전 구상에 결함이 있음을 인정하려 들지 않고 또다시 고급 군인들을 희생양으로 삼았다. 1942년 9월 9일 A집단군 사령관 빌헬름 리스트Wilhelm List 원수를 경질했다. 후임은 히틀러 본인이었다. 그는 육군 총사령관과 A집단군 사령관을 겸임하면서 동프로이센의 총통 대본영에서 1,400 킬로미터 떨어진 최전선의 지휘를 담당할 수 있다고 생각했다. 그리고 9월 24일에는 할더가 육군 참모총장직에서 해임되었다. 후임은 나치스와 가까운 존재라 생각되던 쿠르트 자이츨러Kurt Zeitzler 소장이었다. 히틀러

불타오르는 마이코프 유전. 1942년 8월.

는 드디어 육군 수뇌부 통제를 강화하여 밀착감시라고
도 할 만한 작전지휘를 하기 시작했다.

스탈린그라드 돌입

한편 스탈린그라드를 겨냥한 '왜가리' 작전도 마찬가
지로 정체를 맞이하고 있었다. 히틀러가 '에델바이스'
작전을 우선시했기 때문에, B집단군은 7월 중에 얼마
안 되는 보급밖에 얻을 수가 없어서 제자리걸음을 하게
되었다. 공세는 8월 23일이 되어서야 겨우 재개되었다.
B집단군의 주력, 프리드리히 파울루스 장갑병대장이
지휘하는 제6군이 스탈린그라드로 향했다. B집단군은
남북에서 스탈린그라드를 포위해 탈취할 작정이었다.

이날 오후 독일군 선봉은 스탈린그라드시의 북쪽 가장자리를 지나 볼가강 부근에 도착했다.

하지만 소련군은 이제 물러날 기세가 아니었다. 드디어 스탈린도 독일군의 주력 공세가 남부 러시아와 코카서스, 그중에서도 스탈린그라드로 향하고 있음을 인식한 것이다. 독재자는 이 인구 60만의 대도시를 어떻게 해서든 지켜내리라 다짐했다. 이미 7월 28일 시점에서 스탈린은 "한 걸음도 물러서지 말라"라는 문구로 유명한 소련연방인민위원령 제227호를 공포했다.

더 이상의 후퇴는 제군의 파멸을 의미하고, 나아가 이것은 조국의 파멸로 이어진다. (중략) 한 걸음도 물러서지 마라! 이것이 우리들의 주요 구호여야 한다. 1미터라도 그것이 소련 영토라면, 겨우 1구획이라도 그것이 소련 땅이라면, 각자에게 주어진 곳을 마지막 핏방울이 흐를 때까지 가능한 한 오래도록 단호히 지켜내는 것이 요구된다.

이 지령은 구체적인 조치로 보강되었다. 사기가 저하된 자나 복종하지 않는 자를 모아서 위험한 임무에 투입하는 '징벌대' 제도가 도입되고, 주력부대 배후에는 '저지부대'가 배치되었다. 저지부대 임무는 독전督戰(부하를 독려해서 싸우게 하는 것-역주)이고, 필요한 경우에는 실력(사살도 포함)으로 전선부대의 퇴각을 막았다.

이러한 소련군 장병의 집요한 항전으로 독일군은 고전을 면치 못했다. 처음엔 장갑부대의 급습으로 스탈린그라드 전체를 제압할 작정이었지만, 병력이 불충분했기 때문에 소련군이 방어 태세를 갖출 수 있는 여유를 내주었다. 스탈린그라드는 볼가강이 양익을 엄호하고 있으므로 우회해서 뒤쪽을 차단할 수 없었다. 따라서 기습으로 탈취를 할 수 없는 이상, 보병이 정면으로 공격하여 함락시킬 수밖에 없었다. 하지만 바실리 추이코프Vasily Chuikov 중장이 지휘하는 소련 제62군은 심하게 소모되었다고는 해도, 2개 전차군단, 7개 저격사단(그중 1개는 내무인민위원회 사단), 2개 전차여단, 7개 저격여단을 긁어모았다. 독일군도 시가전을 각오해야만 했다.

생쥐 전쟁

스탈린그라드 공략을 맡은 독일 제6군과 제4장갑군은 양쪽 모두 합쳐서 장갑사단 3개, 자동차화보병사단

3개, 보병사단 18개, 루마니아군 보병사단 1개, 총 25개 사단을 보유하고 있었다. 대군이기는 하다. 하지만 제1차 세계대전을 생각나게 만드는 진지 공략전에서는 이 것으로도 충분하지 않았다. 스탈린그라드 공격을 직접 담당하는 제6군사령관 파울루스는 본래 기동전을 전개해야 하는 장갑사단과 자동차화보병사단도 시가전에 투입할 수밖에 없었다.

하지만 독일 측은 제1차 세계대전 때보다도 훨씬 진보한 삼차원 요소인 공군의 지원을 활용했다. 이미 8월 23일 독일 공군은 최초로 스탈린그라드에 대규모 공습을 실행하여 대량의 소이탄燒夷彈(사람이나 시가지·밀림·군사시설 등을 불태우기 위한 탄환류-역주)을 투하했다. 이날 하루 동안에만 제4항공군은 1,600회 출격해서 1,000톤의 폭탄을 소비했다. 이후에도 독일군의 항공지원은 맹위를 떨쳤지만, 의외의 단점도 발생했다. 공습으로 엄청난 잔해가 쌓이게 된 스탈린그라드 시가지는 수비대에게 알맞게 은폐된 방어진지가 되어주었다. 또한 추이코프도 방위전 초기부터 서로의 전선이 뒤섞이는 혼전混戰이 발생하자, 독일 공군이 아군을 오폭할 가능성을 우려하여 대지지원對地支援(공중에서 지상을 지원하는 것-역주)을 하지 않도록 명했다.

그리하여 '생쥐 전쟁Rattenkrieg'이라고 불리는 처절한 시가전이 시작되었다. 9월에서 10월까지 '펠릭스 트랙터 공장', '바리카디 대포공장', '붉은 10월 제철소'라는 시설이 소련군 거점이 되었고, 이곳들을 둘러싼 치열한 전투가 전개되었다. 가옥 하나하나, 지하실과 하수도를 둘러싼 백병전白兵戰이 자주 일어났다. 독일군은 엄청난 희생을 감수하면서 서서히 소련군을 압박해갔다. 9월 3일 시점에서 볼가강 연안이 3킬로미터 남은 지점까지 나아갔다. 9월 말까지 제6군은 스탈린그라드 시가지의 80퍼센트 정도 점령한 상태였다.

10월 6일 히틀러는 스탈린그라드의 완전 점령을 명했다. 작전상으로는 불필요한 지시였다. 왜냐하면 스탈린그라드는 이미 폐허가 되어서 군수공장도 무력화되었기 때문이다. 도시 주변 수상 수송도 그 기능이 멈추어 소련 측이 볼가강의 수운으로 섬유를 비롯한 남부의 자원을 모스크바 지역에 실어 나르는 것도 불가능하게 되었기 때문이다.

그런데도 히틀러는 스탈린그라드 탈취를 강하게 명했다. 소련군 주력은 섬멸되었으니 작전은 잔존부대의

스탈린그라드 시가전.

소탕단계에 들어간 것이라고 확신한 독재자에게 이제 이 도시의 점령은 군사적으로 그다지 부담이 되지 않으면서 정치적 성과를 획득할 수 있는 좋은 목표였다.

히틀러가 스탈린그라드의 의미를 어떻게 생각하고 있었는지 알려주는 일화가 있다. 8월 말에 총통은 스탈린그라드 주민은 철저한 공산주의자로 위험한 존재이므로 함락 후 시민 중 남자는 모두 제거하고 여자와 아이만 강제 이송하라고 명령했다. 즉 그에게 스탈린그라드는 증오의 대상인 볼셰비키의 상징이었다. 게다가 이

명령을 받은 육군 총사령부는 수탈 전쟁의 색채를 덧칠했다. 남자도 즉시 살해하는 것이 아니라 강제 이송해서 그 노동력을 활용하기로 한 것이다.

하지만 전황은 히틀러와 독일군 수뇌부가 기대하는 대로 흘러가지 않았다. 스탈린과 붉은 군대 대본영은 후퇴하지 않는다는 결의로 추이코프의 제62군을 지원하고 예비군을 스탈린그라드로 보냈다. 낮에는 독일군 포병에게 제압되어 증원부대가 볼가강을 건널 수는 없었다. 하지만 밤이 되면 보트나 작은 배로 스탈린그라드로 들어갈 수 있었다. 이런 방법으로 추이코프는 9월 14일에서 10월 26일까지 저격사단 9개, 해군보병여단 (해군의 병력으로 편성된 육전대) 1개, 전차여단 2개를 받았다.

독일군의 타격력은 거의 다 소모되었고, 게다가 러시아의 겨울이 소리 없이 다가오고 있었다. 11월 2일 히틀러는 마지막 공격을 하기 위해 시가전에서 탁월한 전력을 발휘하는 전투 공병부대를 스탈린그라드로 보내기로 했다. 하지만 이러한 정예부대를 투입해도 추이코프의 방위진을 부수지 못했고 일부에서는 역습을 받기도 했다.

결국 독일군은 위험한 상태에 빠지고 말았다. 스탈린

그라드라는 좁은 전선에 B집단군 소속의 독일군을 집중한 결과, 그 양익인 북과 남의 전선은 동맹국 군대에 일임해야만 하는 처지가 되었다. 이 시점에서 B집단군의 휘하에는 이탈리아, 루마니아, 헝가리가 동부전선으로 파견한 여러 군이 배치되어 있어서 '국제연맹집단군'이라는 조롱을 받을 정도였는데, 장비와 숙련도가 떨어지는 동맹국 군이 스탈린그라드에 있는 제6군의 양 측면을 지키고 있었다.

이러한 동맹국 군의 얇고 긴 전선은 동부전선이라는 사슬의 약한 고리였다. 이곳을 돌파하면 독일 제6군의 양익을 꺾고 포위할 수 있다. 추이코프의 제62군이 독일군을 잡은 사이에 모스크바 지역 및 오룔Oryol 동부에 있던 전략 예비를 몰래 B집단군의 전선으로 이동해 있던 소련군에게 그것은 최적의 목표였다.

11월 19일 오전 8시 15분, 26만의 병력, 전차 1,000량 이상, 화포 만 7천 문을 보유한 소련군 3개 전선군이 반격을 시작했다. 목표는 독일 제6군을 포위하여 섬멸하는 것이다.

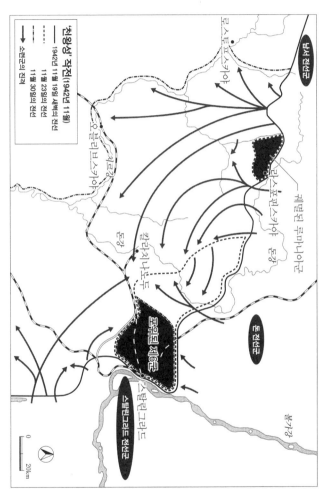

'천왕성' 작전(1942년 11월)

— 1942년 11월 19일 새벽의 전선
------ 11월 23일의 전선
········· 11월 30일의 전선
→ 소련군의 진격

모스크바행

남서 전선군

세라피모비치

클레츠카야

볼가강

이탈리아군

칼리니나도

루스포린스카야

케펠린 루마니아군

돈강

포위된 제6군

스탈린그라드

돈 전선군

소탈린그라드 전선군

볼가강

0 20km

(출처) Geoffrey Roberts, Stalin's general : the life of Georgy Zhukov, New York : Random House, 2012 수록 지도를 근거로 작성함.

2. 기능하기 시작한 '작전술'

'작전술'이란 무엇인가

　제6군의 우익과 좌익을 지키던 루마니아군은 강력한 소련 전차부대 공격 앞에서 순식간에 격파되었다. 돌파한 소련군은 공세를 시작한 지 4일째인 11월 22일 스탈린그라드에 있는 독일군의 배후인 칼라치나도누 Kalach-na-Donu에서 손을 맞잡았다. 포위의 고리는 닫혔고 독일 제6군은 고립되었다. 소련군 반격 작전 '천왕성 Uranus'은 우선 제1단계 목적을 달성했다.

　'천왕성' 작전은 종종 스탈린그라드 결전에서 승리를 얻기 위한 공세로 이해되어왔다. 물론 그런 해석 자체는 틀리지 않는다. 하지만 오늘날 천왕성 작전은 소련 '작전술'에 근거한 전략적 반격의 일환이었음이 밝혀졌다.

　작전술이란 19세기 이후의 모색을 거쳐 소련 군인과 군사 사상가들에 의해 1930년대에 완성된 용병 사상이다. 그 시작은 프랑스혁명 이후 전쟁의 시간적·공간적·수적 확대에 있었다. 알다시피 일반 징병제에 의한 국민군 성립은 군대 규모를 비약적으로 향상했다. 18세기에는 프랑스나 러시아와 같은 대국이라도 수만 단위의 군밖에 동원할 수 없었지만, 이제는 수십만의 군으로 늘어난 것이다. 예를 들어 나폴레옹이 1812년에 러시아를 침공했을 때 프랑스와 그 동맹국이 모은 병력은 약 40만에 달했다.

공간적으로 보아도 병참 등의 제약에서 기동의 가능성이 한정되었던 18세기 중반까지의 전쟁과 달리, 군의 행동이 유럽을 종횡으로 뛰어다니는 것처럼 보였다. 1806~1807년 나폴레옹의 프로이센 정복은 그 전형적인 사례이다. 시간적으로도 예전에는 반나절이나 기껏해야 하루 정도면 결정되던 전투의 결착이 수일 이상 걸리는 일이 보통이 되었다. 예를 들면 1813년 나폴레옹과 대對 프랑스 동맹군의 전투인 라이프치히Leipzig 전투는 시작부터 프랑스군 철수까지 4일이나 걸렸다.

이러한 변화를 본 유럽 각국의 군인과 군사 사상가는 **전쟁**에 이기기 위한 방책을 정하는 전략과 **전투**를 유리하게 이끄는 수법인 전술 사이에 또 다른 '작전'이라는 차원이 있다고 생각하기 시작했다. 여기에서 채택되어야 할 방책을 규명하는 것이 이후의 전쟁 수행에 중요한 의미를 지닌다고 인식하였다. 러시아는 20세기 초에 이러한 이론적 시도 측면에서 눈부신 발전을 했다. 러일전쟁에서 일본군보다도 훨씬 우세한 대군을 가졌으면서도 패배했던 경험이 러시아 군인들에게 심각한 고민을 촉발한 것이다.

그러한 노력은 제1차 세계대전과 혁명 후 내전이라는 힘든 교훈으로 한층 더 큰 계기가 만들어졌고, 소련으로 바뀐 후에도 계속되었다. 그것은 스베친이나 투하쳅스키라는 뛰어난 인재가 등장하면서 1930년대의 '작전술' 완성으로 결실을 보았다.

'붉은 나폴레옹'의 용병 사상

스베친은 러일전쟁과 제1차 세계대전에 종군했던 경험을 가진 육군 장교이고, 러시아혁명 후에는 붉은 군대 러시아 참모총장을 역임하기도 했다. 그는 육군대학교 교수였던 시절인 1920년대에 '작전술' 개념을 제창했다. 스베친에 따르면, 그것은 전략과 전술의 양 차원을 잇는 것으로, 전술상 성과를 쌓아 작전 차원의 성공과 연결하고 나아가 특정 전역戰域에서의 전략적 승리로 이끌기 위한 중요한 수단이다.

뒤를 이어 소련 참모본부 작전국장 겸 작전차장 대리였던 블라디미르 트리안다필로프가 연속종심 타격이론을 구축한다. 제1차 세계대전 이후 군대 화력이 향상하면서 방어의 유효성은 점점 높아졌다. 이것을 돌파하고 수십 킬로나 되는 안쪽(종심縱深)에 위치한 진지를 완전히 없애기 위해서는 강력한 포병의 지원을 받는 타격군이 필요하다. 타격군은 적진 전체가 아니라 가장 빈약하고 치명적인 지점을 골라 돌파하여 적을 흐트러뜨린다. 이렇게 통신 연락을 차단당하거나 분리되어 기능하지 못하게 된 적을 각개격파하는 하나의 작전으로 25~30킬로미터의 종심을 제압한다는 것이 트리안다필로프의 주장이었다. 트리안다필로프는 이러한 종심작전Deep Operations을 여러 번 연속적으로 실행함으로써 적의 예비 병력 투입과 새로운 진지 구축을 저지하고 전략적 승리를 끌어내는 것이 중요하다고 했다.

트리안다필로프는 1931년에 비행기 사고로 사망했는데, 그의 연속종심 타격이론은 '붉은 나폴레옹'이라 불리는 미하일 투하쳅스키 원수가 계승했다. 투하쳅스키는 러시아 내전과 폴란드 침공에서 활약했고 육군대학교 교장과 붉은 군대 참모총장 등 요직을 역임한 인물로 소련 굴지의 용병 사상가로 주목받고 있었다.

투하쳅스키는, 현대의 전쟁은 그 규모와 격렬함이 제

1차 세계대전을 웃도는 소모전이 될 것으로 예측하고, 전쟁에서 승리하려면 쉼 없는 연속 공세를 펼쳐서 전략적 광역 수준의 돌파 실현이 반드시 꼭 필요하다고 생각했다. 공군, 전차, 기계화부대, 공정空挺(공중정진空中挺進의 줄임말-역주) 부대라는 새로운 시대 군비는 이러한 연속종심 타격을 가능하게 만든다고 투하쳅스키는 설명했다. 그 발상을 근거로 소련은 자동차화보병, 전차와 장갑차, 자주포, 전술 공군부대를 합쳐 세계 최초의 기계화 여단을 편성했다.

이렇게 투하쳅스키가 완성한 '종심전투' 구상은 다음과 같은 것이었다. 공군, 포병, 전선부대의 공격으로 적의 최전선에서 중간진지, 나아가 후방진지까지도 단숨에 제압한다. 포병과 전선부대의 손이 닿지 않는 후방은 신속하게 돌파한 전차부대, 기계화부대, 공정부대가 제압해서 적의 재편성과 예비 병력 충원을 저지한다. 이렇게 최초의 타격이 성공한 후에도 끊임없이 공세를 계속해서 마침내 적국을 굴복시켜야 한다.

1935년 및 1936년 소련군 대연습은 투하쳅스키의 용병 사상을 실제로 전개한 것이었다. 또한 그의 이론이 구체적으로 개념화되고 언어화된 1936년의 '붉은 군대

1935년 키예프의 연습. 강하 훈련 중인 소련군 공정부대.

'야전 교령'은 소련군 사상가의 선진성을 세계에 알리는
계기가 되었다.

이렇게 1930년대 소련은 작전술과 그것을 작전 차원
으로 실행할 때 기반이 되는 연속종심 타격이론을 발전
시켜 나갔다. 상세한 내용은 지금까지 서술했지만, 소
련의 군사용어 사전을 참조하여 작전술의 정의를 좀 더
알아보도록 하자.

지상부대의 전선군 작전과 군작전 및 각 군종(육해공 3
군)의 준비와 실행, 이론과 실제를 연구하는 병술의 구
성 부분. 작전술은 전략과 전술을 잇는 고리이다. 전략
의 여러 요구에 따라 작전술은 전략 목적 달성을 위해

필요한 작전 준비와 실행 방법을 정함과 동시에 작전 목적과 작전 임무에 합치하도록 여러 병과 연합부대를 준비해서 실시하는 데 필요한 전술의 기초 제원諸元(기계류의 성능 따위를 분석적으로 나타낸 수치-역주)을 부여한다.

군사용어를 모르는 독자에게는 매우 난해한 정의라고 생각되지만, 아주 간단하게 보충 설명을 하면 다음과 같다. 우선 전쟁의 목적을 정하고, 그것을 위해 국가 자원을 전력화하는 것이 '전략'이다. 작전술은 그러한 목적을 달성할 수 있도록 전선의 각 방면에 '작전' 또는 '전역戰役(정확한 군사용어로는 일정한 시간적 공간적 영역에서 행해지는 전략 및 작전 목적을 달성하려는 군사행동을 의미한다)을 상호 연관되도록 배치해간다. 각각의 작전을 실행할 때 발생하는 전투에 이기기 위한 방책이 '전술'이다. 일본에서는 작전 자체를 수행하는 기술을 작전술이라 오해하는 일이 많다. 하지만 작전술은 오히려 전략 차원의 하부下部나 전략 차원과 작전 자원이 겹치는 데 위치하는 것임을 강조해두고 싶다.

덧붙이자면 러시아와 소련 이외에서도 작전 차원의 존재와 그 수준에서 어떤 대책을 세워야 하는지에 관한 연구와 검토가 행해지고 있다는 것은 두말할 필요도 없다. 오늘날 그러한 동향과 성과는, 서양에서는 일반적으로 'Operational Art'라고 부른다. 해석하면 이것 역시 '작전술'이어서 오해를 불러일으키기 쉽다. 하지만 이 책에서는 전쟁에서 작전이 차지하는 위치를 처음으로 언어화하고 개념화해서 실전에서 능숙하게 잘 사용한 소련의 그것을 '작전술'로 간주하고, 이후로는 그러한 의미로 사용한다. 이 소련의 작전술은 베트남전쟁 패배로 충격을 받고 새로운 군사이론을 모색했던 미군의 주목을 받아 1970년대 후반부터 1980년대에 걸쳐 자유 진영에서도 비약적으로 연구가 진행되었다. 그 결과 오늘날 미군의 독트린에도 큰 영향을 주고 있다.

독일 동부군 궤멸을 겨냥한 공세

하지만 소련의 작전술은 주창자들이 대숙청으로 추방되면서 일단 잊혔다. 또한 대숙청으로 작전 차원과 전술 차원의 지휘관인 장교가 대량으로 축출되자 소련군은 서전에서 양적으로나 질적으로 우세한 장비를 살리지 못하고 결국 패배를 당했다는 사실은 앞에서 언급한 바 있다.

1941년 이후 대패와 고난은 추방되거나 한직으로 밀려났던 장교의 복귀를 가져왔다. 참모차관 알렉산드르 바실렙스키Aleksandr Vasilevsky 상급 대장은 그들 중에서 우수한 참모장교를 선발하여 1942년 여름부터 가을에 걸쳐 충분한 시간을 들여 동계공세 작전을 세우도록 했다. 보코프Bokov 소장이 이끄는 소집단이 소련 작전술로 반격계획을 입안한 것이다. 지금까지 주코프와 바실렙스키가 기안했다고 알려진 '천왕성' 작전도 지금은 이들이 만들었다고 밝혀졌다.

그러면 보코프 등은 1943년을 향한 동계공세를 어떻게 구상하고 있었던 것일까.

실은 스탈린그라드 지역 독일군 섬멸을 기획하는 '천왕성' 작전 외에도 큰 작전 두 개가 예정되어 있었다. 하나는 멀리 로스토프나도누로 돌진해서 스탈린그라드를 점령하고 독일군의 에이와 비 두 집단군의 후방 연락선을 차단하여 궤멸시킨다는 '토성Saturn' 작전인데, 이것이 성공한다면 동부전선의 남익을 구성하는 독일군은 소멸해버리게 된다.

다른 하나는 독일 중부집단군을 전선 돌출부로 향하는 '화성Mars'으로, 이것은 전후 오랫동안 적에게 어쩔

소련군 동계공세
(1942년 말~1943년 봄)
'목성' '토성' 작전의 당초 계획
'화성' '천왕성' 작전
레닌그라드
레닌그라드전선군
볼호프전선군
북부집단군
칼리닌전선군
'화성'작전
서부전선군
벨리키예루키
모스크바
'목성' 작전('해왕성' 작전)
스몰렌스크
브랸스크전선군
중부집단군
보로네시 전선군
쿠르스크
보로네시
남서 전선군
돈 전선군
키에프
'토성' 작전
하리코프
'천왕성' 작전
스탈린그라드
스탈린
그라드
전선군
B군집단
오데사
로스토프나노두
세바스토폴
A군집단
그로즈니
흑해
코카서스 산맥

(출처) Geoffrey Roberts, Stalin's general : the life of Georgy Zhukov, New York : Random House, 2012 수록 지도를 근거로 작성함.

도리 없이 예비 병력을 투입하게 만들어서 가능한 큰 손해를 불러오도록 하는 것을 목적으로 하는 견제 작전이라고 여겨져 왔다. 하지만 소련연방 붕괴 이후 기밀문서 공개로 '화성'에는 중부집단군 붕괴를 가져올 목적의 제2단계가 있었음이 밝혀졌다.

'목성Jupiter' 또는 '해왕성Neptune'으로 불리는 작전이 그것이다. 이것은 12월 초에 발동되어 '화성'으로 포위한 독일 제9군을 섬멸한 후 새로운 협공 작전을 전개하여 중부집단군을 궤멸시키려던 것이다. 하지만 독일군의 격렬한 저항에 부딪혀 계획을 달성하기는커녕 큰 손해를 입고 말았다. 그 실태를 감추기 위해 소련 당국과 소련 역사연구자들은 '화성'은 국지적 공세에 불과하다고 주장하며 사실을 은폐해왔다.

어쨌든 이렇게 1942년 말에서 1943년 봄까지 소련군의 동계공세는 몇 번의 작전(전역)을 유기적으로 조합한 것이었다. 작전술의 관점에서 설명하자면, 독일 B집단군 중심인 제6군의 격멸을 목적으로 하는 '천왕성', 남부 러시아의 독일군 전체 궤멸 도모하는 '토성', 중부집단군의 주력 제9군의 포위를 노리는 '화성', 이어서 중부집단군의 격멸을 겨냥하는 '목성(해왕성)'이 전략의 관점에서 배치되었다.

이것은 단순히 작전 단계를 구분하는 것이 아니라 여러 독일군 부대의 격멸, 예비 병력의 구속, 전략적 요점 확보 등 다양한 기능이 상호 작용하는 형태였다. '바르바로사'나 '청색'에서 알 수 있듯이 작전과 전술 차원에서는 소련군보다 우세했던 독일군이지만, 이렇게 전략에 따른 형태로 작전을 배치하는 것은 마지막까지도 할 수 없었다. 독일군 지도부는 작전 차원의 승리를 축적하여 전쟁에서 승리한다는 발상밖에 없었다. 따라서 소련군은 인적자원이나 물적자원만이 아니라 용병 사상이라는 전쟁의 소프트웨어에서도 우위에 서 있었다.

또한 이 시기 이후 주코프의 경력을 보면, '붉은 군대 참모총장 대리'라는 보임補任이 눈에 띈다. 이것은 서로 연관된 여러 작전을 실행하는 각 전선군의 조정을 담당하는 것인데, 이런 점에서도 소련 작전술이 기능하기 시작했음을 확인할 수 있다.

포위를 풀지 못하고

이제 스탈린그라드의 제6군에 위기가 닥친 것은 히틀러 눈에도 분명히 보였다. 11월 10일 베르히테스가덴의 산장에서 흉보를 접한 히틀러는 레닌그라드 공략 준비를 하던 제11군사령관 에리히 폰 만슈타인Erich von Manstein 원수에게 스탈린그라드 구출 지휘를 맡기고 남쪽으로 이동을 지시했다.

같은 날 히틀러는 공군 참모총장 한스 예쇼네크Hans Jeschonnek 상급 대장을 불러들였다. 영국 본토 항공전 실패 이후 면목이 없어진 공군 총사령관 괴링은 히틀러와의 회견을 피하면서 이날도 나타나지 않았다. 대리 자격이 된 예쇼네크는 제6군이 포위되어도 공수보급으로 그 전력을 유지할 수 있는지 묻는 히틀러에게 치명적인 대답을 했다. 수송기로 필요한 물자를 실어 날라 제6군을 지원할 수 있다고 단언한 것이다. 이 때문에 만슈타인이 구원 작전을 성공시키는 동안 하늘에서 제6군에 보급할 수 있다고 생각한 히틀러는 11월 21일 파울루스 제6군 사령관에게 현재 지역을 사수하도록 명했다. 하지만 제6군이 필요한 최소 물자가 하루에 500톤으로 정해져 있음에도 불구하고, 제6군이 항복할 때까지 이 목표 수치가 달성되는 적은 없었다.

많은 전쟁사 연구자들은, 아마도 제6군이 포위된 직후, 11월 24일까지 포위를 돌파했다면, 대폭 퇴각은 했을지라도 궤멸까지는 하지 않았으리라고 말한다. 하지만 히틀러는 고수 명령을 내렸고 제6군 진지를 '스탈린그라드 요새'라 불렀다. 요컨대 반드시 외부가 구원해야만 했던 셈이다.

11월 22일 만슈타인은 스탈린그라드 안팎의 전투지역을 통괄하기 위해 새로 편성된 돈 집단군 사령관에 임명되었다. 제4장갑군, 제6군, 루마니아 제3군이 집단군 휘하에 들어갔다. 11월 28일 만슈타인은 최초의 구원계획을 완성했다. 장갑부대가 스탈린그라드까지 약 130킬로미터를 답파하여 제6군을 해방하는 것이다. '겨울 뇌우Wintergewitter'라는 비밀 명칭을 붙인 반격 작전은 12월 12일 새벽에 시작되었고, 처음에는 순조롭게 진행되었다. 하지만 계속 증원되는 소련군 앞에서 공세 속도는 늦어졌다. 붉은 군대 대본영 대표로서 스탈린그라드 방면에 파견된 바실렙스키는 남부 러시아의 독일군 격멸을 노리는 공세작전 '토성'보다도 스탈린그라드의 해위解圍(아군부대의 통로를 열어 포위된 도시나 요새를 해방시키는 것)를 저지하는 쪽이 우선이라고 판단했다. 따라서 '토성' 작전용 병력의 일부를 나누어서 '겨울 뇌우' 저지를 맡겼다. 때문에 로스토프나도누를 목표로 하는 웅대한 작전이었던 '토성'은 돈강 유역에 있던 독일군 홀리트 파견군Armeeabteilung Hollidt과 이탈리아 제8군을 포위하여 격멸하는 '소토성Little Saturn'으로 축소되었다. 이 작전은 12월 16일 발동되어 이탈리아 제8군의 전선을 돌파해 독일군에게 한층 압박을 가했다.

이러한 소련군의 대응에도 불구하고 12월 19일 독일군 앞에 한 줄기 빛이 나타났다. '겨울 뇌우'의 선봉이었던 제6장갑사단이 스탈린그라드에 있는 아군부대에서 50킬로미터 지점에 도달한 것이다. 이때, 포위된 제6군의 일부는 구원군이 쏘는 포화의 사격광을 목격했다고 한다.

이것은 겨우 한 번 찾아온 좋은 기회였다. 하지만 만슈타인이 보낸 구원부대는 이미 전력의 한계에 이르렀다. 여기에서 소련군 포위를 풀기 위해서는 포위망 밖에서만이 아니라 안에서 압력도 필요했다. 만슈타인은 적어도 12월 18일에는 제6군에 포위를 돌파하도록 명하는 권한을 달라고 총통 대본영에 요청했다.

하지만 히틀러는 제6군의 돌파를 허락하지 않았다. 결국 제6군은 스탈린그라드에서 움직이지도 못하고 '겨울 뇌우'에 투입된 구원부대도 소련군의 반격을 받아

12월 말까지 공세 시작점까지 밀려났다.

제6군의 항복

이리하여 독일군에게 1943년 초 동부전선 상황은 악몽과 같은 형국이 되었다.

포위된 제6군은 구원될 전망도 없이 소모되어갔다. 독일군 보조했던 루마니아군, 이탈리아군, 헝가리군의 각 부대는 소련군 공격을 받아 모두 격퇴되고 말았다. 남부 러시아의 독일군 전선은 무수한 지점에서 고립되었다.

그런데도 중부집단군 전투 구역에서는 1942년 11월에서 1943년 1월까지의 전투에서 독일군은 격렬하게 저항하여 소련군의 '화성' 작전을 좌절시키고, 좀 더 큰 전과를 노린 '목성' 또는 '해왕성' 작전을 시작하지도 못하게 만들었다. 또한 '겨울 뇌우' 작전의 압력으로 '토성'이 '소토성'으로 격하된 것은 앞서 서술했다. 이렇듯 반드시 완벽히 달성된 것은 아님에도 작전술에 근거한 소련군의 연속 공세는 독일군, 특히 남부 러시아와 코카서스의 여러 부대를 붕괴 직전까지 압박했다.

하지만 히틀러는 전년 겨울의 모스크바 전면 위기를

구한 것이 자신의 사수 명령이라 굳게 믿고 있어서 이번 겨울에도 같은 처방전을 쓸 작정이었다. 일례를 들자면 코카서스로 돌출해 있던 A집단군은 매우 위험한 상태였다. 만일 소련군이 예정대로 '토성'을 발동하여 로스토프나도누를 탈환했다면, A집단군은 퇴로가 끊겨 돈강 유역과 코카서스 사이에서 섬멸당했을 것이다. 즉 A집단군을 철수시키는 것이 가장 중요했지만, 히틀러는 이를 1942년 12월 29일에야 인정했고, 그마저도 일부 철수만 허락했다. 그 결과 A집단군 휘하에 있던 제1장갑군이 돈강을 건너 도네츠 중류 지역에 재집결을 개시한 것은 1943년 1월 말로 넘어갔다.

스탈린그라드의 독일 제6군도 히틀러의 사수 명령을 따르다가 붕괴로 치달았다. 전투에 의한 손해, 보급 부족, 극심한 추위로 제6군의 전력은 급격히 줄어드는 형편이었지만, 사령관 파울루스는 1943년 1월 9일 소련군이 제시한 항복 권고를 거부했다. 이후 소련군은 제6군의 격멸을 시도하는 '고리Kol'tso' 작전을 추진했다. 1943년 1월 24일 파울루스는 스탈린그라드 '요새'를 유지할 수 없다는 결론을 내리고 남은 부대를 소수 그룹으로 나누어 돌파 탈출하게 해달라고 총통에게 요청했다. 하

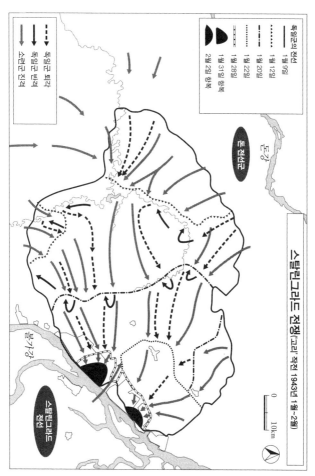

(출처) John Keegan, The Times atlas of the Second World War, London: Times Books, 1989 수록 지도를 근거로 작성함.

지만 히틀러가 그 결정을 유보했다는 회답을 총통 대본

영에서 들었을 뿐이다. 같은 날 소련군은 제6군을 남북으로 분단했다.

1월 30일 파울루스는 원수로 진급했다. 프로이센 독일군 역사에서 원수가 항복한 적은 없었다. 그러니 원수가 된 파울루스가 최후까지 싸우리라 히틀러는 믿었다. 하지만 스탈린그라드에서 필요한 것은 명예가 아니라 빵과 총탄이었다.

1월 31일 파울루스와 스탈린그라드 남부의 독일군은 소련군에게 투항했다. 2월 2일에는 시의 북부 부대도 항복했다. 파울루스가 항복했다는 소식을 들은 히틀러는 그가 왜 자결하지 않았냐며 격노했다고 한다. 포로가 된 후 파울루스는 히틀러와 나치스 비판으로 기울었다. 급기야는 투항한 장병으로 '독일 해방군'을 결성하자는 안을 제출했지만, 소련 측이 그 계획을 고려하지는 않았다.

전략적 공세 능력을 잃은 독일군

스탈린그라드에서 포위된 추축군 수는 지금까지도 확실하지 않다. 참혹한 전쟁의 혼란에다가 루마니아군과 '보조 의용병', 자원해서 국방군에 근무하던 반反 스탈린 분자와 수용소에서 끌려와 조국과 싸워야 했던 소련군 포로의 수가 확실하지 않기 때문이다. 따라서 19만 5,000명, 23만 2,000명, 23만 6,600명, 24만 2,700명, 38만 명으로 다양하게 추정되고 있다.

하지만 스탈린그라드의 패배로 독일군이 전략적 공세를 실시할 능력, 즉 공세로 적국을 굴복시킬 타격력을 상실했다는 점만은 분명했다. 앞의 숫자 중에서 최저 19만 5,000명이라 해도 그중 대부분이 전사, 행방불명, 포로였다. 또한 스탈린그라드에서 포로로 잡힌 독일군 장병 9만 명 중 전후에 고국으로 살아 돌아온 사람은 약 6,000명에 불과했다.

독일군은 스탈린그라드 이후에도 여전히 공세를 몇 번 펼쳤다. 하지만 그것은 모두 작전 차원에 머무는 것이었다. 다시 말하면 독일은 소련을 타도할 능력을 영원히 상실한 것이다.

작전과 전술적으로 독일군은 자신들의 질적 우위를 내버려두는 듯한 전법을 취했나고 말할 수 있다. 자주 독립적으로 행동할 수 있는 하급 지휘관의 능력을 살리는 기동전으로 적을 농락하는 것이 아니라 미숙한 병사라도 비교적 항전하기 쉬운 시가전을 실행했다. 서로의 거리가 가깝고, 때에 따라서는 2층에는 적군이, 아래층

전사한 제6군 병사들.

에는 아군이 있는 시가전 전투, 백병전도 다반사인 상황에서는 독일군의 전술과 화력 운용의 우수함도 발휘될 수 없었다. 히틀러의 명령으로 독일군은 그러한 전장인 스탈린그라드 폐허에 쳐들어왔다. 이러한 어리석은 행동은 마침내 히틀러에게 지배당하며 군사적 합리성을 외면해야만 했던 국방군의 쇠퇴기를 보여주는 것이었다.

3. '성채'의 좌절과 소련군 연속 공세의 개시

'질주'와 '별'

이쯤에서 제6군이 아직 항전을 계속하던 1943년 1월 중순으로 시간을 거슬러 올라가 보자. 소련군의 '소토성' 작전은 B집단군 휘하의 헝가리 제2군과 이탈리아 제8군을 궤멸시켜 전선에 커다란 구멍을 뚫었다. 코카서스에서는 A집단군이 로스토프나노우 방면에서 압박받고 있었다.

이러한 상황을 보고 붉은 군대 대본영은 독일군의 남익을 붕괴시키고 우크라이나를 탈환할 좋은 기회가 왔다고 판단했다. 1월 20일에서 23일에 걸쳐 '질주Galop'와 '별Zvezda'이라는 작전 두 가지가 승인되었다. 남서전선군이 실행한 '질주'는 드네프르강의 도하점 탈취를 목적으로 했다. 또한 남부전선군이 이 주공을 지원하여 로스토프나도누를 해방하는 계획이었다. 여기에 이어서 '별'을 담당한 보로네시전선군Voronezhskii front이 우크라이나의 주요 도시 하리코프를 겨냥한 공격을 실시한다.

게다가 이러한 작전은 전력의 뒷받침을 받고 있었다.

전쟁사 연구자 글랜츠의 추정에 따르면, '질주' 작전 전선의 소련군 우세는 보병이 2대 1, 전차가 4대 1에 달한다고 한다.

하지만 이 공세를 받게 된 돈 집단군 사령관 만슈타인은 후퇴에서 갑자기 공세로 전환하여 소련군에게 타격을 가할 수 있다고 확신했다. 코카서스, 돈강 하류 지역에서, 때에 따라서는 드네프르강 서쪽 연안까지 후퇴한다. 이로써 전선이 단축되므로 부대를 빼내어 예비로 삼을 수 있다. 게다가 후퇴하는 독일군을 쫓는 적은 측면이 드러나기 때문에 조금은 느린 태세를 취할 것이다. 그곳에 예비 병력을 투입해서 소련군 공격부대를 포위하고 섬멸한다.

하지만 대대적인 반격을 하기 전에 눈앞의 '질주'와 '별'을 멈추어야만 했다. 전자는 1월 29일, 후자는 2월 2일 발동되어 피폐해진 부대를 간신히 유지하고 있던 독일군 전선을 직접 공격했다. 1월 31일에서 2월 2일에 걸쳐 스탈린그라드라는 중요한 교통 요충지를 이용할 수도 없었고, 포위를 유지하기 위해 다수의 부대가 움직이지도 못했다.

독일군의 동부전선 남익은 궤멸을 눈앞에 두고 있었

다. 보로네시전선군은 급진하여 2월 8일에는 쿠르스크를 탈환했다. 이 전선군은 나아가 하리코프 해방을 시도하여 2월 16일에 하리코프를 점령했다. 도네츠강 북부 유역을 돌파한 남서전선군도 아조프 해안선으로 급진하여 돈 집단군과 A집단군의 퇴로를 끊으려 했다.

2월 12일 독일군은 지휘계통을 재편했다. 돈 집단군은 다시 '남부집단군'이라 개칭되었다. B집단군은 해체되고, 그 지휘하에 있던 제2군은 중부집단군으로 배치되었다. 대폭적인 전선 이동에 근거한 조치였다.

'후방에서 일격'

붉은 공세를 막는 것은 불가능하다고 생각되었지만 사실 소련군은 매우 위험한 사태에 직면해 있었다. 소련 남서전선군은 독일 제1장갑군과 란츠 파견군 Armeeabteilung Lanz 사이를 돌파한 후 멈춘 상태였다. 그들의 측면과 배후를 장갑부대로 공격해서 섬멸하는 독일의 반격 작전이 준비되었다. 상대인 소련군은 만슈타인 계획을 알아채지 못했다. 소련군 수뇌부는 독일군이 저항력을 잃었고 큰 강인 드네프르라는 자연적 장애물에 의지해서 총퇴각하고 있다고 믿어 의심하지 않았

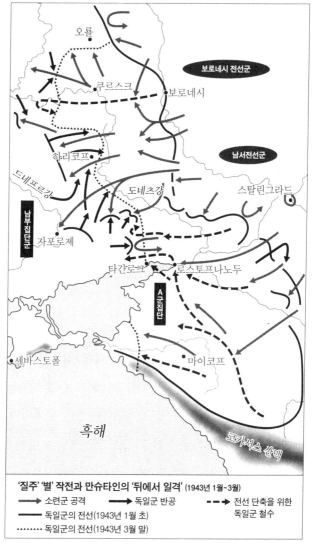

오룔

보로네시 전선군

쿠르스크 •보로네시

하리코프 남서전선군

드네프르강 도네츠강 스탈린그라드

남부집단군 자포로제

타간로크 로스토프나도누

A군집단

세바스토폴 •마이코프

흑해 코카서스 산맥

'질주' '별' 작전과 만슈타인의 '뒤에서 일격' (1943년 1월~3월)

→ 소련군 공격　　━━▶ 독일군 반공　　- - ▶ 전선 단축을 위한 독일군 철수

━━ 독일군의 전선(1943년 1월 초)

⋯⋯ 독일군의 전선(1943년 3월 말)

(출처) Walther Nehring, Die Geschichte der deutschen Panzerwaffe 1916-1945, Weltbild: Augsburg, 1996 수록 지도를 근거로 작성함.

다. 이 선입견 때문에 독일군이 집결하기 시작하는 것을 알면서도 그것이 반격이 아닌 퇴각을 위한 조치라 판단했다.

1943년 2월 20일 남부집단군은 반격을 시작했다. 선두로 나선 것은 제4장갑군이었다. 곧바로 소련 제6군과 제1친위군이 격파되고 자포로제Zaporozh'ye까지 압박을 해온 제25전차군단도 고립되었다. 연료를 다 쓴 제25전차군단 장병들은 장비를 버려두고 걸어서 퇴각했다. 독일군이 붕괴 직전이라고 굳게 믿고 있던 소련군에게 만슈타인의 반격은 심리적 기습이었다. 또한 스탈린그라드 반격 이후 거의 휴식과 재편성을 실행하지 않고 계속 싸워온 소련군 부대가 피폐해진 상황도 무시할수 없다. 게다가 서쪽으로 진군함에 따라 보급선 유지가 어려워진 점도 큰 문제였다.

예상외의 사태에 직면한 소련군은 도네츠강의 배후로 퇴각해서 방어 태세를 정비하라고 남서전선군에 명했다. 우선 '질주'가 좌절됐다. 이어서 '별'도 분쇄되었다. 남서전선군의 위협을 배제한 독일군은 상황을 뒤집어 보로네시전선군을 공격해서 돌파했다. 3월 14일 하리코프는 다시 독일군 손아귀에 들어갔다. 이후 며칠

동안 독일군은 '청색' 작전 시작 당시 차지하고 있던 지역을 거의 회복했다. 만슈타인이 말하는 '후방에서 일격'이 성공한 셈이다. 곧바로 얼음이 녹아 진흙이 만들어지는 시기가 도래해 양군 모두 대규모 작전 속행은 불가능하게 되었다. 전선은 쿠르스크의 돌출부를 남긴 형태라서, 나중에 독일군 공세를 유발하게 된다.

정세 오인이나 병참 유지 능력의 미숙함으로 인해 기대했던 큰 전과를 세울 수 없었다고는 해도, 작전술에 근거한 소련군의 공세가 독일군을 궤멸 직전까지 압박한 것은 간과할 수 없다. 1943년 여름 이후 이러한 연속 타격은 좀 더 세련된 형태로 실행되었다.

폭로된 실상

봄이 되어 얼음이 녹아 진흙이 생기는 시기가 오자 동부전선은 소강상태에 접어들었다. 남부집단군 추격도 진흙 바다로 바뀐 땅을 앞에 두고 멈추어 설 수밖에 없었다. 독소 양군은 원하든 원하지 않든 1943년 초여름의 작전을 향해서 전력 조성과 새로운 계획 입안에 전념했다. 그 사이에 독일군이 '성채Zitadelle' 작전으로 쿠르스크 주변에 형성된 전선 돌출부를 향한 공세를 시도한 것이 일대 전투로 이어진 사실은 잘 알려져 있다.

쿠르스크 전투는 전후 오랫동안 다음과 같은 경위로 밟았다고 전해져 왔다. 히틀러는 전선 돌출부를 협격挾擊하여 그곳에 진지를 구축한 소련군을 격멸함으로써 전략적 주도권을 쥐려고 했다. 하지만 그가 신형 전차 투입을 고집했기 때문에 작전은 거듭 늦어졌고, 마침내 공격이 개시되었을 때 소련군은 이미 강력한 종심진지를 구축하고 있었다. 쿠르스크 진지에 거점을 둔 소련군은 독일군에 커다란 손해를 입히고 공격을 막아냈다. 같은 시기에 지중해 시칠리아섬에 상륙한 미영연합군도 상대해야 하는 독일로서는 '성채' 속행을 할 수 없었다. 이후 쿠르스크 결전에서 진 독일군은 패배의 구렁으로 굴러떨어졌다….

하지만 소련이 붕괴된 후 공개된 기밀문서의 정밀한 조사로 연구에 진전이 이루어져, 오늘날에는 이러한 이해가 거의 부정된다. 이러한 쿠르스크 전투의 이미지는, 전후 소련 측에서는 공산주의 체제가 파시스트의 전력 공세를 격파했다는 국민의 '신화'를 형성하기 위해, 독일 측에서는 죽은 히틀러에게 패배의 책임을 돌리고 독일 참모본부는 오류가 없었음을 주장하기 위해 만들어져 유포된 것이다. 여기에서는 이러한 허상을 배제한 새로운 정설에 따라 쿠르스크 전투의 경위를 서술하고자 한다.

이제까지 '성채'는 1943년 봄에 만들어진 전선 돌출부의 소련군을 격멸하고, 이것이 일대 공세로 이어질 것을 꿈꾸던 히틀러가 지시한 작전이라 여겨왔다. 하지만 남아있던 문서를 정밀히 조사해보면 그러한 주장은 사실에 반한다는 결론을 내릴 수 있다. 실제로는 스탈린그라드 이후 입은 큰 피해 때문에 히틀러, 국방군 최고사령부, 육군 총사령부는 독일이 전략적 수세에 처했다는 인식을 공유했다. 예를 들면 1943년 2월에 남부집단군 사령부를 방문했을 때 히틀러는 "올해는 대규모 작전은 실행 불가능하고" "여러 작은 하켄크로이츠 Hakenkreuz('갈고리 십자가'를 뜻하는 의미로 나치 상징-역주)를 박을 수 있을 뿐이다"라고 분명히 말했다.

1941년에 독일군은 모든 전선에 걸쳐 소련 붕괴를 겨냥한 공세를 실행할 수 있었다. 1942년에도 지역적으로 한정은 됐을지언정 소련군 주력을 격멸하고, 그들에게 꼭 필요한 자원지대의 탈취를 노리는 작전을 실행했다. 이것은 모두 적국을 굴복시킨다는 커다란 목표

전황을 논하는 만슈타인(왼쪽)과 히틀러.

를 가진 전략적 공세였다. 하지만 전력이 약해진 1943
년 독일군은 더는 전략적 공세가 불가능했고 할 수 있
는 것은 좀 더 차원이 낮은 목적으로 실행할 작전적 공
세뿐이었다.

구축되는 '성채'

   그렇다면 그 작전적 공세는 누가 언제 발의한 것일까.

   앞서 기술한 바와 같이 그 말을 꺼낸 사람은 사실 히
틀러가 아니었다. '후방에서 일격'으로 소련군 공세를
격퇴하고 전과戰果 확장에 조급해하던 만슈타인이었
다. 그는 전선 안정에 만족하지 않고 북쪽의 중부집단
군 우익과 협동하여 적에게 더 큰 타격을 주려고 했다.

쿠르스크 주변의 소련군 전선 돌출부는 그 목적을 달성하기에 가장 좋은 표적이었다. 3월 18일 만슈타인은 자이츨러 육군 참모총장과의 전화 통화로 중부군집단과 남부군집단에 의한 쿠르스크 협공 작전을 처음 제안했다. "우리 좌익과 중부집단군 우익 전선에 있는 러시아군은 어떤 유효한 행동도 취할 상태가 아니다. 지금이라면 중부집단군이 쿠르스크를 점령하기 쉽다고 본인은 확신한다."

하지만 육군 총사령부는 5일 전인 3월 13일, 히틀러의 의향에 맞춘 작전명령 제5호 「향후 수개월 간 전투 수행에 관한 훈령」을 공표했다. 이것은 소련군이 공격을 재개하기 전에 가능한 한 다수의 전투 구역에서 공격을 취하는 방침을 채택하는 내용이었다. 이 시기의 히틀러는 작전과 전술 차원의 공격을 반복하는 것으로 계전繼戰의 조건을 갖춰야 한다고 판단했다. 따라서 3월 시점에서는 쿠르스크 돌출부에 대한 대규모 공세는 선택지에 들어있지 않았다고 생각된다.

그렇지만 쿠르스크 공세안은 자이츨러 육군 참모총장을 비롯한 장군들 간에 많은 찬동자를 획득해갔다. 그들이 한목소리로 쿠르스크 공세론을 주장하자 히틀러도 의견을 바꾸어 육군 총사령부에 작전명령 제6호를 작성시켰다. 4월 15일 하달된 명령으로 쿠르스크 돌출부를 협공하는 대규모 공세가 결정된 것이다. 이러한 경위를 보면 알 수 있듯이 '성채'가 나중에 선전된 것처럼 전략적 공세를 의도한 것도, 스탈린그라드와 아프리카 패배(1942년부터 1943년 초에 걸쳐 추축군은 리비아에서 쫓겨나 튀니지로 밀려나 있었다)로 동요하는 동맹국과 중립국의 이반離反을 막는 것을 노린 정략적 작전도 아니었다.

오히려 주목해야 할 점은 작전명령 제6호의 부속 문서 2에 "'성채' 공세의 목적은 적 부대와 군수물자 격파, 전선 단축과 함께 전쟁 수행상 중요한 노동 동원을 하기 위해 포로와 민간인 노동자를 획득하여 노획품을 이용하는 것에 있다"라고 적혀있는 부분이다. 대소전쟁이 지닌 수탈 전쟁의 성질이 순전한 군사적 작전까지도 규정하게 된 것이다.

이후 공세 회의론이 대두하기도 했지만, '성채'는 7월의 실행을 향해 달리기 시작했다.

필승의 전략 태세

한편 소련 측도 진흙의 시기가 지나간 후에는 대전투

가 다시 일어나리라고 예상했다. 독일 국내에 흩어져 있는 스파이 망의 보고를 기다리지 않아도, 쿠르스크를 중심으로 형성되어 있는 전선이 독일군의 눈에 좋은 미끼로 보일 것은 자명했기 때문이다. 이미 4월 8일에는 붉은 군대 대본영 대표인 주코프 원수가 쿠르스크 돌출부 남북에 독일군 장갑부대가 집중하는 것을 보고, 적이 쿠르쿠스를 겨냥하여 공격할 것으로 판단했다. 또한 상응한 주의를 기울이길 촉구하는 정세보고서도 제출했다. 스탈린은 선수를 쳐서 공격할 것을 희망했지만 4월 12일, 공세보다도 방어를 우선해야 한다는 장군들의 진언을 듣고 이에 동의했다. 소련 참모본부 작전총국의 기록을 인용해보자.

쿠르스크 지역에 우리의 주력을 집중하고 이 방면의 방어작전으로 적에게 피해를 준 뒤 공세로 전환하여 적을 완전한 격멸한다는 방침이 최종적으로 결정되었다. 예측할 수 없는 사태에 대비해 해당 전투지역 전체에 확고한 종심 방어진을 구축할 것, 특히 쿠르스크 지구 종심 방어진을 강화할 필요가 있다.

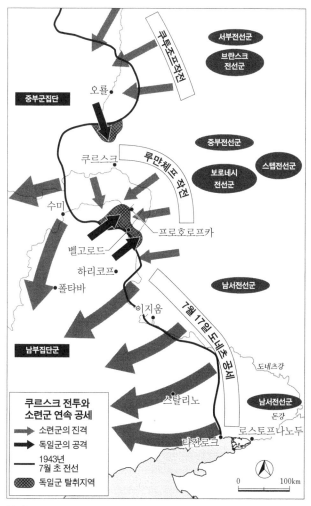

서부전선군

브란스크
전선군

쿠투조프 작전

오룔

중부군집단

중부전선군

스텝전선군

쿠르스크

루만체프 작전

보로네시
전선군

수미

프로호로프카

벨고로드

하리코프

폴타바

남서전선군

이지움

7월 17일 도네츠 공세

남부집단군

도네츠강

스탈리노

남서전선군

돈강

로스토프나도누

타간로크

쿠르스크 전투와
소련군 연속 공세

→ 소련군의 진격

→ 독일군의 공격

── 1943년
7월 초 전선

▨ 독일군 탈취지역

0   100km

(출처) Geoffrey Roberts, Stalin's general : the life of Georgy Zhukov, New
York : Random House, 2012 수록 지도를 근거로 작성함.

이 결정을 근거로 '거대'하다고 표현할 수밖에 없는 규모의 준비가 시작되었다. 쿠르스크 돌출부를 뒤덮는 전략적 방어진을 구축하였다. 한층 중요한 것은 돌출부만이 아니라 그곳의 동쪽에도 종심방어대가 구축되었다는 점이다. 즉 만약에 돌출부가 없어지고 독일군이 동부로 돌진해 오더라도 이를 저지할 수 있을 만큼 만반의 준비를 한 셈이다.

전술적으로도 소련군의 준비는 철저했다. 쿠르스크 돌출부 안쪽으로는 요새화된 촌락, 토치카tochka(콘크리트, 강철, 마대 등을 이용하여 특별히 공고하게 구축한 진지-역주), 화점火點, 참호, 철조망과 지뢰밭을 유기적으로 연결해 견고한 야전축성을 세웠다. 게다가 이들의 진지 지대는 사전에 세심한 주의를 기울여 관측을 마친 포병 사격으로 제압되어갔다.

물론 소련군의 준비는 진지를 굳건히 하는 것으로 끝나지 않았다. 스탈린은 쿠르스크 방어에 임하는 중부전선군과 보로네시전선군의 배후에 새로운 전략 예비, 스텝전선군Stepnoi front을 신설하도록 지시했다. 이 전선군은 5개 군, 1개 전차군, 1개 전차군단, 2개 기계화군단, 3개 기병 군단을 휘하에 둔 강대한 단대團隊가 되었다.

하지만 이러한 소련군의 중후한 준비와 막대한 병력에만 관심을 두다 보면 반대로 그들의 전략과 작전의 탁월성을 간과해버리고 만다. 붉은 군대 대본영은 쿠르스크 돌출부를 일종의 요새로 만들고, 독일군의 공격 전력을 흡수해 잡아두었다. 한편, 다른 전선에서는 연속 공세를 한다는 전략 차원의 목적을 달성하기 위해서 공격, 방어, 지체 등 다양한 작전 과제를 지닌 '전역戰役'을 배치하고, 이를 전쟁 승리로 이끌어간다는 '작전술' 원칙에 충실한 방침을 세웠다. 이러한 관점으로 설명을 한다면, 붉은 군대 대본영은 동부전선 독일군 격파라는 전략목표를 위해서 쿠르스크 전선으로 적의 타격 전력을 유인하여 붙잡아두는(사실 독일군은 장갑부대에서 전투 가능한 모두를 투입했다) 전역, 오룔 전선에서 중부집단군을 공격하는 전역('쿠투조프Kutuzov' 작전), 쿠르스크 남부에서 하리코프를 겨냥한 전역('루만체프Rumyantsev' 작전) 등의 조치를 의도적으로 취했다고 할 수 있다('쿠투조프'와 '루만체프'는 둘 다 러시아제국의 장군 이름). 굳이 말한다면 '성채' 작전 발동 이전에 소련군은 필승의 전략 태세를 완성했다.

실패가 분명했던 공세

공세 참가 부대의 휴식과 보충, 5호 전차 '판터panther' 와 6호 전차 '티거tiger'라는 신형 병기의 배치, 소련군 파르티잔의 활동을 제압할 필요, 수송 능력 부족이라는 여러 이유로 '성채' 작전 발동은 몇 번씩이나 연기되었다. 적지 않은 독일 장군들이 '성채'를 조기에 발동했다면 성공했으리라고 전후에 회상한다. 하지만 당시에 그들이 반복해서 말한 대로 작전을 실행하는 것은 불가능했다.

결론부터 말하자면 쿠르스크 전투로 시작된 여러 전역의 특징은, 소련군이 작전술을 응용한 연속 공세로 작전 차원에서 전략 차원의 승리를 이루려고 했다는 점에서 단일 작전 수준에서만 생각하던 독일군을 앞섰다는 점이었다. 독일군이 가지고 있던 장갑부대의 거의 모두를 쿠르스크 돌출부로 집결시킨 시점에서 '성채'는 발동 이전에 실패가 결정되어 있었다. 역설적이게도 쿠르스크 전투에서 소련군이 승리한 것은 쿠르스크 이외의 장소에서 거둔 결과라는 의미이다.

1943년 7월 5일, 많은 결점을 내포한 채 '성채' 작전은 개시되었다. 소련군 전선 돌출부를 북에서부터 치려는 중부집단군의 공세 부대인 제9군은 신중하게 부대를 구분했다. 보병사단군으로 첫 번째 공격을 하고 1개 장갑사단만 투입했다. 우선 보병으로 돌파구를 열고 두 번째 공격은 장갑사단이 적의 후방으로 돌진하여 전과를 확장한다는 계획이었다. 하지만 제9군 휘하부대 중에서도 뛰어난 타격력을 보유한 2개 장갑사단 및 1개 장갑척탄병(자동차화 보병. 사기 진작 차원에서 1942년 7월에 척탄병으로 개칭되었다) 사단은 계속 후방에 배치되었다.

왜 그랬을까. 그 이유를 추측하자면 여기에서도 소련 작전술의 그림자가 드리워져 있음을 알 수 있다. 양군의 배치도를 보면 일목요연하게 알 수 있듯이, 중부집단군은 언제 공세를 취해올지 모르는 북쪽의 브랸스크전선군Bryaskii front에게 등을 내준 채 남쪽 방향으로 쿠르스크를 노리는 공격을 실행했다. 그렇다면 중부집단군 주력인 제9군도 브랸스크전선군에 대한 대응과 '성채' 공세에 대비한 증원이라는 두 가지 목적에 사용할 수 있는 위치에 기동 예비를 배치해야 했다. 다시 말해 소련군은 공세 '전역戰役'으로 방어 '전역'을 간접적으로 지탱하고 있었다.

어쨌든 이렇듯 족쇄가 채워진 상태였기 때문에 제9

'성채' 작전으로 투입된 독일의 신형 전차 '티거.'

군의 공격은 원활하지 못했다. 더구나 제9군 앞을 가로
막은 소련군은 특히 증강된 부대였는데, 그 병력 밀도
는 전선 1킬로미터당 4,500명의 병력과 45량의 전차가
배치되었다는 통계가 있을 정도이다. 이리하여 독일군
의 전진이 느려진 것을 본 소련군은 제2전차군을 반격
에 투입했다. 하지만 제2전차군의 T-34부대는 독일군
의 신형 전차 티거를 만나 단숨에 격파되고 만다. 소련
군은 어쩔 수 없이 전차부대를 후방으로 철수시켜 차체
를 땅에 파묻어서 방어력을 증대하라는 명령을 내렸다.

  소련군의 반격을 물리친 제9군은 7월 6일부터 7월 7
일에 걸쳐서 천천히 쿠르스크 북부전선을 압박해갔다.
일진일퇴하는 공방이 계속되었다. 제9군은 피폐해진

부대를 재편성하기 위해 공격을 중단했다가 7월 12일에 재개하기로 했다.

바로 그 12일에 소련군 브랸스크전선군이 서부전선군 좌익과 협동으로 오룔을 향한 공세를 개시했다('쿠루조프' 작전). 그곳을 지키던 독일 제2장갑군은 쇠약해진 병력밖에 없어서 곧장 수세에 몰렸다. 중요한 보급거점인 오룔이 위험해지면 쿠르스크 공격을 계속할 수 없었다. 그래서 같은 날 중부집단군은 장갑사단 및 보병사단을 차출하여 제2장갑군을 지원하도록 명했다. 소련 측에서 본다면 방어 '전역'으로 적의 전력을 묶어둔 뒤, 공격 '전역'을 실행한 결과가 비로소 빛을 본 것이다.

'성채'라는 엎질러진 물

한편 남부집단군도 7월 5일에 쿠르스크 돌출부 남쪽에서 '성채' 작전을 개시했다. 신형 5호 판터 전차를 갖춘 부대가 지뢰밭에 들어가 버리거나 제6장갑사단이 도네츠강을 무리하게 건너려다 실패하는 등 차질을 빚으면서도 남부집단군의 공격은 비교적 순조롭게 진행되었다. 첫 번째 공격으로 강력한 장갑부대를 투입한 만슈타인의 전법이 위력을 발휘한 덕이었다.

독일 제4장갑군은 이틀 동안의 격전 끝에 소련군 진지대의 제1선과 제2선을 돌파했다. 이 위기에 대처하기 위해 붉은 군대 대본영은 전략예비대 투입을 결정한다. 또한 돌출부 북면 전선과 마찬가지로 전차의 차체를 땅속에 파묻어 즉석 토치카로 삼는 조치도 취했다. 하지만 보로네시전선군은 더 적극적인 반격 작전에 나섰다. 독일 측에게 그 존재조차 알려지지 않은 채 대기하고 있던 스텝전선군을 투입하여 돌출되어온 제4장갑군을 삼면에서 공격하여 격멸하려고 했다.

7월 12일 보로네시전선군의 반격이 시작되었지만, 결국 참혹한 실패로 끝났다. 공격 주력인 제5친위전차군이 프로호로프카 전차전에서 사실상 격멸되었기 때문이었다. 냉전 시대에 프로호로프카 전투는 소련군 전차부대가 독일군 장갑부대에 전선으로 덤벼들어 적을 격파했던 것으로 알려져 왔다. 하지만 그것은 프로파간다에 불과했다. 최근 연구에 의하면, 소련군이 전차 235량을 잃은 것에 비해 독일군 전차는 불과 3량이 부서진 일방적 경기였다. 이러한 전술적 성공을 본 남부집단군 사령관 만슈타인은 드디어 쿠르스크 돌출부 전선을 제거하고 소련군 대부대를 섬멸할 수 있다고 확신했다.

하지만 원수의 몽상은 두말할 필요도 없이 현실화하지 못했다. 7월 10일에 미영연합군이 시칠리아에 상륙했다는 소식을 들은 히틀러는 같은 달 13일에 중부집단군 사령관 귄터 폰 클루게Günther von Kluge 원수와 만슈타인을 총통 대본영으로 불러서 '성채' 작전 중지를 명했다. 당연한 일이지만 소련군 격멸이 눈앞에 다가왔다고 믿는 만슈타인은 격렬히 항의했지만, 히틀러는 들으려고도 하지 않았다.

어쩔 수 없이 만슈타인은 대체안으로 제4장갑군을 북과 서로 선회旋回시켜 돌출부 끝에 있는 소련군을 격멸하는 '롤랜드Roland' 작전 실행 허가를 요청했다. 히틀러도 이를 승인하긴 했지만, 여기에서도 작전술이 방해 역할을 했다. '쿠루조프' 작전에 이어서 소련군이 도네츠 방면에서 연속 타격을 하기 위한 지공支攻을 발동한 것이다(7월 17일). 이것을 막을 필요가 있다고 생각했다면, 가령 한정적이라도 공세 계속 따위는 문제가 아니었다.

7월 16일 히틀러는 무장 친위대의 장갑군단을 차출하여 예비 병력으로 삼아 벨고로드Belgorod에 집결하도록 명령했다. '롤랜드'는 실행도 하지 못했으며 '성채'도 붕괴되고 말았다.

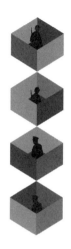

5장
이성을 잃은 절대전쟁

1. 군사적 합리성 소실

'사수하고 또 사수하고 끝까지 사수한다'

　'성채' 작전을 중지시킨 소련군은 압박의 손길을 늦추지 않고 남부 러시아에서 모든 전선으로 공세를 확대하여 연속 타격을 가했다. 이를 저지하기 위해 독일군 장갑부대는 기동 반격과 전선에 뚫린 구멍을 막는 임무로 분주했다. 하지만 광대한 동부전선을 지탱하기에는 그들의 수가 너무 부족했다.

　1943년 8월 3일 쿠르스크 남부지구에 결집해 있던 보로네시전선군과 스텝전선군은 독일 제4장갑군에 대해 114만 4,000명의 병력, 2,800량의 전차, 화포 만 2,866문을 투입하여 총공격을 개시했다. 소련군은 삽시간에 독일군의 전선 진지를 유린했고 선봉 부대는 하루에 약 25킬로미터나 진격했다. 이후 소련군은 독일군의 반격을 받아 때로는 큰 손해를 입으면서도 계속 전진하여 8월 23일에는 하리코프 시내에 돌입했다. 또한 도네츠강 유역에서도 소련군 남부전선군과 남서전선군이 전면 공세를 발동하여 독일 제6군(스탈린그라드에서 궤멸한 군이 아니라 새로 편성된 단대團隊)의 전선을 돌파했다.

이렇듯 홍수처럼 밀려드는 소련군 공세에도 히틀러는 한 걸음도 물러서지 말고 현재 위치를 사수하라고 엄명할 뿐이었다. '성채' 작전이 실패하기 이전부터의 기본 방침이었다. 이미 1943년 5월에 자이츨러 육군 참모총장은 전선 후방에 견고한 방어진지, 즉 '동방 방벽'

을 구축하자는 의견을 진언했다. 하지만 히틀러는 격분하면서 육군 참모총장 제안을 거부했다. 그러면 다가오는 위기에 어떻게 대응할 것이냐고 반문하는 자이츨러에게 히틀러는 다음과 같이 대답했다고 한다.

첫째, 그것(위기)은 아직 심각하지 않다. 둘째, 사수하고 또 사수하고 끝까지 사수한다! 만일 우리 부대가 '동방 방벽'에 관한 이야기를 듣게 된다면 틀림없이 철수하고 싶어질 것이다. 그러면 방어 의지는 사라지고 만다. 그들에게는 전선에 서서 그곳을 고수하는 것 이외에 허락되는 것은 없다.

현실적으로 패색이 짙어졌어도 히틀러의 자세는 바뀌지 않았다. 동부전선이나 육군 총사령부 장군들이 퇴각을 간원해도 대부분 인정하려 들지 않았다. 통상의 전쟁에서는 군사적 합리성에 따라 적에게 공간을 내주면서 태세를 정비하거나 반격 준비를 하기 위한 시간을 번다. 하지만 세계관 전쟁 또는 그것을 유지하기 위한 수탈 전쟁 차원에서 히틀러에게는, 후퇴라는 선택은 있을 수 없는 일이었다.

초토작전

1943년 9월 중순 무렵 독일 남부집단군은 간신히 소련군 돌파구를 막은 후, 어디든 다 허술하기는 했어도 아슬아슬하게 전선을 유지하는 상태였다. 천연 요새인 드네프르강 후방으로 물러나 태세를 정비하기 위한 마지막 기회였다.

9월 14일 남부집단군 사령관 만슈타인은 휘하의 각 군이 임계점에 이른 것을 간파하고 육군 총사령부에 총퇴각을 타진했다. 물론 히틀러는 만슈타인의 의견을 인정하려 들지 않았다. 하지만 남부집단군만이 아니라 동부전선 전체가 무너질지도 모른다는 만슈타인의 판단을 듣고서는 후퇴를 허락하지 않을 수 없었다.

그리하여 대규모 철수작전이 개시되었다. 남부집단군만이 아니라 중부집단군도 대폭 후퇴하고, A집단군 휘하의 제17군도 크림반도를 방위하라는 지시를 받아 그 지역으로 후퇴했다. 압도적인 전력과 기동력으로 쫓아오는 적의 추격을 재빨리 벗어나야만 했고 곤란한 지형 문제도 극복해야만 했다. 드네프르강은 유럽 러시아에서 두 번째 큰 강으로 폭도 3킬로미터 이상이었다. 남부집단군은 불과 다섯 개의 도하점을 통해서 강의 서쪽 연안으로 후퇴했고 체르노빌에서 자포로제까지 700킬로미터에 걸친 전선에서 다시금 전개해야만 했다.

결과적으로 드네프르강으로의 철수는 거의 완벽하게 수행되었고 군사적으로는 성공을 거둔 셈이다. 하지만 독일군은 수면 아래에서 히틀러의 명령대로 악명 높은 '초토작전scorched earth strategy'(특정 지역을 철저하게 불태워버리는 군사작전-역주)을 펼쳤다. 소련군 진격을 방해하기 위해 드네프르강의 전면 20~30킬로미터 지점에서 강을 건너는 데 이용할 수 있는 것이라면 무엇이든 파괴하거나 징발했다. 적의 엄호물이 될 만한 시설이나 숙영지宿營地(군대가 병영을 떠나 묵는 장소-역주)도 그 대상이었다. 게다가 소련군의 보급을 수월하게 만드는 식료, 전시 생산에 도움이 되는 자원과 공작기계 등도 파기하거나 드네프르강 서쪽 연안으로 운반했다.

빼앗은 물자만이 아니었다. 독일군은 육신이 멀쩡한 남자라면 하나도 남기지 않고 징병하고, 남은 주민도 군수생산에 동원해야겠다고 생각했다. 그래서 독일군 퇴각과 함께 해당 지역 주민도 강제 이송 대상이 되었다. 그 수는 수십만에 이르렀다고 한다. 게다가 가축 수만 마리도 수탈해갔다.

이러한 조치에 대한 변명으로서, 독일 측은 소련군이 야말로 처음부터 초토작전을 썼다고 주장했다. 실제로 전쟁 전반기에 독일군에게 밀려 퇴각하던 시기에는 소련군도 후송할 수 없는 물자나 적이 사용할 수 있는 시설을 파괴했다. 스탈린의 말을 빌리면 "적들이나 그들에게 가담한 자가 견딜 수 없을 정도의 조건"이 만들어 낸 사실이다. 하지만 이것은 1812년 나폴레옹과의 전쟁에서 배운 것으로, 침략자의 진격을 지체시키기 위해 어디까지나 자국 자산을 파기했을 뿐이었다.

전후에 만슈타인은 전범재판에 회부되었는데, 초토작전을 실행한 것이 그가 재판에 부쳐진 이유 중 하나였다. 다음은 그 재판소의 검사 측 변론을 인용한 것이다.

처음에는 도네츠강, 다음은 도네츠 강바닥을 지나 드네프르강까지, 그것을 건너는 폰 만슈타인 군대의 코카서스와 돈강에서의 철수 작업은 때로는 전략의 명인으로 기록되기도 합니다. 결과적으로 그는 1944년 봄에 그 휘하에 있던 각 군이 기력을 잃게 되는 파국을 1년이나 견뎌냈습니다. 그것은 다음과 같은 처치로 가능했습니다. 즉, 인간에게 유용한 것이나 거처할 곳을 사정없이 파괴하고, 모든 집과 건물이 부서져 살 곳이 없어진 민간인을 음식과 옷도 없이 광야로 내몰아 수백 마일 이상 걸어서 이동하도록 만들고, 독일군을 위해 하루에 열 시간이나 일을 시켰습니다. 강제 이송 중 도망가려다가 사살된 사람을 제외해도 수천이나 되는 무고한 민간인이 굶어 죽었고 들판에 버려져 죽어간 것은 틀림이 없습니다.

검찰 측 주장을 아무리 최소한으로 생각해도 드네프르 철수작전의 처참한 면을 여실히 살펴볼 수 있는 말일 것이다. 이 국면에서는 군사적 합리성을 근거로 한 작전지휘와 수탈 전쟁의 요인이 전쟁범죄로 수렴되었다.

이러한 수탈 전쟁의 철저함은 전선만이 아니었다. 스탈린그라드 패배 이후, 히틀러 이하 나치 독일 지도부는 군수생산 확대가 필요했지만, 체제 동요를 두려워한 그들은 여전히 자국민에게 많은 노동을 요구하려고 하지 않았다. 그 대신 소련군 포로, 강제 연행된 소련과 폴란드 노동자, 유대인, 강제수용소의 피수용자 등을 투입하여 군수물자 증산을 강행했다. 결과적으로 1942년에는 400만 명이었던 외국인 노동자가 1944년 말에

마우트하우젠 강제수용소의 채석장.
가혹한 강제노동은 사실상 죽음을 의미했다.

는 840만 명을 넘었다고 한다.

그들 대부분은 가혹한 조건 속에서 중노동을 하다가 병들거나 쇠약해져 쓰러졌다. 살아있을 가치가 없다고 판단되는 사람들을 비인간적인 노동에 강제 동원하여 생산 확대를 달성하고 그 과정에서 죽으면 그만이라고 생각한 나치 독일 지도부의 상정想定(가정적으로 생각하여 판정하는 일-역주) 그대로였다.

한편 노동자로서 쓸모가 없어진 '적'을 효율적으로 대량 살육하는 '살인공장'도 이즈음에는 비르케나우(아우슈비츠 강제수용소 내에 설치된 절멸수용소) 이하의 각 시설에서 쉴 새 없이 가동되었다.

세계관 전쟁의 비대화

1943년 9월 30일까지 독일 남부집단군은 드네프르강을 이용한 방위선에 멈추었다. 하지만 빠르게 쫓아온 소련군 선봉 부대는 모든 도하 수단(나룻배와 뗏목을 사용하거나 직접 헤엄쳐 건너는 일도 있었다)을 사용하여 드네프르강 서쪽 연안에 교두보 여러 개를 쌓았다. 11월 1일 소련 제1우크라이나전선군1-i Ukrainskii front은 부크린Bukrin에 있던 교두보에서 공격을 개시하여 마침내 6일에는 우크라이나 대도시 키예프를 탈환했다.

다음 해 1944년, 소련군은 큰 기회를 얻었다. 1월 28일에 제1우크라이나전선군과 제2우크라이나전선군2-i Ukrainskii front이 독일군 약 5만, 6개 여단 및 1개 독립 여단을 코르순Korsun 부근에서 포위한 것이다. 만슈타인이 보낸 구원부대가 소련군의 포위망을 조금은 뚫었지만 크게 트지는 못했다. 만슈타인은 히틀러의 허락을 기다리지 않고 포위되었던 부대에 2월 16일부터 17일에 걸쳐 돌파하여 밖으로 나오라는 명령을 내렸다. 해당 부대는 필사적으로 포위망을 뚫고 나와 약 3만 명이 도망쳤다고 한다.

하지만 위기는 더욱 고조될 뿐이었다. 소련군은 진흙

기가 와도 미국이 제공한 대량의 전륜구동 트럭으로 공격을 계속했다. 1944년 3월까지는 드네프르강 유역의 독일군을 거의 소탕해버렸다. 그다음에 제1 및 제2 우크라이나전선군이 독일군 전선을 돌파하여 21개 여단을 거느린 독일 제1장갑군을 포위했다. 하지만 만슈타인은 퇴각을 거부하는 히틀러를 설득해 제1장갑군을 포위에서 탈출시켰다.

이러한 경위 속에서 주목할 것은 만슈타인과 히틀러의 대립이다. 만슈타인은 퇴각하다 보면 자신들이 물러난 장소에서 희생이 발생할 것에 대비하여 독일군 전력을 보존하고, 그렇게 보존한 전력으로 소련군에게 피해를 줌으로써 적을 전쟁으로 지치게 만들어 타협에 의한 강화講和를 끌어내려고 생각했다. 다른 한편 히틀러가 세계관 전쟁과 수탈 전쟁을 우선시했기 때문에 그 방해가 되는 점령지의 포기를 수락했을 리가 없었다. 양자의 견해 차이는 때로는 격론에 이르기도 했지만 1944년 3월 31일이 되어서야 비로소 결판이 났다. 이날 히틀러는 만슈타인을 해임한 것이다. 만슈타인 회상에 의하면, 히틀러는 "귀관이 특별히 그 자질을 발휘할 만한 대규모 작전을 할 기회가 동부에서는 전혀 없어졌기 때문에 집단군을 다른 사람에게 위임하기로 정했다"라고 선고했다고 한다.

전후, 독일 장군들은 히틀러의 군사적 무지를 비판하고 패배 원인을 그의 사수 명령으로 돌렸지만, 그들의 말을 결코 있는 그대로 받아들일 수는 없다. 왜냐하면 그것은 대소전쟁을 '통상전쟁'으로 간주하는 그들의 잘못된 인식에서 왔다고 생각할 수도 있기 때문이다. 만슈타인 해임은 그 차이를 상징하는 사건이었다. 히틀러는 만슈타인에게 말한 "특별히 그 자질을 발휘할 만한 대규모 작전", 즉 군사적 합리성에 근거한 '통상전쟁'에서 '세계관 전쟁'으로 좀 더 크게 성큼 발을 내디뎠다.

군사적 합리성 없는 전쟁 지휘

이런 인식 차이는 국방군만이 아니라 독일 안팎에서도 나타났다. 실제로 소련과의 전쟁을 통상의 화평교섭으로 끝내려던 움직임도 있었다. 예를 들어 동맹국 일본은 독일 전력을 흡수하여 미영美英과의 전쟁에 주의를 기울여야 함에도 독소전쟁으로 방해를 받자 전쟁을 끝내기 위해 다양한 접촉을 시도했다. 본래 1941년 11월 15일 일본 대본영 정부 연락 회의에서 결정된 전쟁의 기본 방침 「영·미·란(네덜란드)·장(장개석 국민당 정권 하의 중국) 전쟁 종말 촉진에 관한 복안」에는 "독'소' 양국의 의향에 따라 양국을 화해시켜 '소련'을 추축 측으로 끌어들인다"라는 계획이 포함되어 있었다. 이를 외무성이 주도했고 해군도 찬성했다.

이 방침을 받아 1942년 2월에서 3월에 걸쳐 일본 해군 군사령부가 주일 독일 해군무관에게 독소화평을 타진했다. 같은 해 3월에 도고 시게노리東鄕茂德 외무대신도 주일 독일대사와 독소화평 조건에 관해 대화를 나누었다. 이어서 육군 참모본부 작전부도 독소화평 공작으로 기울었다. 그들은 주일 독일대사를 협력자로 만들고, 특사를 독일로 보내 히틀러와 회견을 가진 뒤 독소 전쟁 종식을 실현하려 했다. 하지만 리벤트로프 외무대신이 그 움직임을 눈치채버렸다. 리벤트로프가 독일은 소련과 화평을 할 의사가 없다고 일본 측에 통고하여 1942년 화평공작은 일단 멈추게 되었다.

전황이 나빠지자 리벤트로프는 전쟁 계속과 화평 사이에서 동요하기 시작했다. 1943년 전반, 주독 일본대사 오시마 히로시大島浩에게 일본의 대소참전을 종용하면서, 다른 한편으로는 화평 가능성을 모색하기 위해 중립국 스웨덴에서 소련 측과 빈번히 접촉했다. 하지만 리벤트로프와는 대조적으로 히틀러는 독소전쟁을 정치적으로 해결할 가능성을 여전히 배제했다. 같은 해 7월 29일 오시마와 회담한 히틀러는 그 의사를 분명히 밝혔다. 우크라이나를 할양한다면 화평에 응할 수 있지만, 스탈린은 아마 그럴 용의가 전혀 없을 것이라고.

파시스트 이탈리아의 독재자 베니토 무솔리니Benito Mussolini 총리도 스탈린그라드 패전 후 소련과의 화평을 히틀러에게 강권했다. 어찌 보면 일본도, 다른 동맹국도, 리벤트로프의 화평교섭 권장도, 독소전쟁을 외교로 해결 가능한 전쟁이라 오해하고 있었던 셈이다.

클라우제비츠는 전쟁 본질이 적에게 자신의 의사를 강요하는 것인 이상, 적의 전투력을 완전히 격멸하고 무력화하는 '절대전쟁絶對戰爭'을 추구해야 한다고 생각했다. 그렇지만 현실에서는 다양한 장해와 그가 말하는 '마찰'이나 정치 필요성 등으로 인해 전쟁 본래의 성질이 완화되기 때문에 절대전쟁이 실현되는 것은 극히 예외인 경우에 한한다고 한다. 하지만 히틀러는 실로 그 예외를 실현하려 하고 있었다.

2. '바그라티온' 작전

전후를 주시하는 스탈린

한편 스탈린 외교의 안목은 리벤트로프와는 정반대로, 방침의 동요에서 단호한 독일 타도로 바뀌었다. 사실 독일과의 단독 화평도 독소 개전 시작부터 1943년 스웨덴에서의 접촉에 이르기까지 스탈린은 적극적이지 않았지만, 그 가능성은 배제하지 않았다고 추측된다. 하지만 스탈린은 이제 그 선택지를 완전히 버렸다. 그러한 결단에 큰 역할을 한 것이 서방측 대국인 미영과의 '대동맹'이었음은 두말할 필요도 없다.

1941년 6월 22일 미영은 독일군이 소련에 침공했다는 보고를 듣고 기뻐했다. 대국 소련을 자기 편으로 끌어들일 수 있다고 생각했기 때문이다. 나치 독일의 친구였던 공산주의 국가가 마음을 바꾸어 함께 히틀러와 싸우는 동맹국이 된 것을 본 미영 양국은 소련에 대한 지원을 보증하고 실행했다.

1941년 8월에는 소련에 제공할 원조물자를 가득 실은 최초의 영국 수송 선단이 북쪽 보급 경로인 북해를 건너 북극해의 항구 아르한겔스크와 무르만스크

Murmansk로 들어왔다. 1941년 9월에는 중동을 통한 대소 원조 경로를 확보하기 위해 소련과 영국이 이란을 점령한 결과, 같은 해 11월부터는 이 보급로를 사용한 미국의 물자수송이 시작되었다. 최종적으로 미국은 총액 100억 8천만 달러, 영국은 50억 9천만 달러 상당의 지원을 소련에 했다.

　물론 미영이 막대한 원조를 실행한 것은, 대독전쟁 주역이 된 것은 소련이고, 소련이 탈락한다면 연합군이 패배할지도 모른다는 우려 때문이었다. 소련 측도 또한 자신들이 빠진 곤경을 벗어나기 위해 미영군의 반격으로 동부전선 이외에서 독일군을 붙잡아둘 '제2전선'의 구축을 반복해서 요구했다. 스탈린이 제2전선 전개를 처칠에게 요청한 것은 1941년 7월 18일, 독소개전 약한 달 후였다.

　이에 덧붙여 스탈린은 자신들이 독일군 문제를 거의 도맡음으로써 미국과 영국이 얻는 '혜택'을 이용하여 소련의 국익을 확보하기 시작했다. 이미 1941년 12월에 스탈린은 영국 외상 로버트 앤서니 이든Robert Anthony Eden에게 독소개전 당시 소련의 국경선(즉, 폴란드 동쪽 절반과 발트 3국 등을 영토로 포함하는 것)을 승인해야 한다고 주

무르만스크로 향하는 수송 선단을 호위하는 영국의 순양함.

장했다.

스탈린그라드 승리 이후에는 소련만이 불균형할 정도로 독일의 압력을 받고 있으므로, 그 보상으로서 세력권 확대를 인정하라고 말하기까지 했다. 그 요구는 모스크바에서 개최된 연합국 외상회의(1943년 10월 19일 ~30일) 등에서 점차 구체화하였다. 스탈린 자신도 그다음에 개최된 테헤란 회담에서 처칠 영국 수상과 프랭클린 루스벨트 미국 대통령에게 소련이 연합군 측에 끼친 공헌을 과시하며 다양한 요구를 꺼냈다. 소련이라는 중요한 동맹국을 잡아두어야 할 필요 때문에 미영 양국은 그것들을 인정할 수밖에 없었다.

이렇게 스탈린과 소련 외교 목표는 독일을 철저히 타

도하는 것을 전제로 중동부 유럽 지배를 미영에게 인정받는 쪽으로 굳혀졌다. 스탈린은 독소불가침조약과 부속 의정서로 정해진 세력권을, 이번에는 미영과의 동맹을 계기로 하여 서쪽으로 확대하려고 작정한 것이다.

'보복은 정의'

이렇듯 스탈린이 외교 공세를 펼치는 이면에서는 소련군 측도 인권을 짓밟는 만행을 계속 저지르고 있었다. 독소전쟁 최종 국면을 서술하기 전에 이에 관해 전반적으로 살펴보고자 한다.

동부전선에서 독일군은 포로를 가혹하게 대우했다. 그렇지만 제3장에서 서술했듯이 소련군의 포로 대우도 전시국제법을 지켰다고 말할 수는 없다. 1943년 스탈린그라드 전투에서 승리한 뒤와 전후 1946년부터 1947년에 걸쳐 포로수용소 환경이 두 번 개선되었지만, 아직 충분한 정도는 아니었다. 소련이 잡은 독일군 포로의 총 수는 260만에서 350만까지 여러 설이 있지만, 그중 약 30퍼센트가 사망했다는 것에 관해서는 대체로 일치한다.

또한 독일 병사만이 아니라 소련 국내의 '적성敵性 주

민'에게도 비인도적 조치가 적용되었다. 중세 이후 이민으로 소련에는 볼가 독일인Wolgadeutsche(러시아의 볼가 강변과 남부의 사라토프에 거주하면서 독일어를 사용하고 독일 문화를 보존했던 주민들을 말한다-역주)을 비롯한 독일계 주민이 다수 존재했다. 독소개전 당시 그 수는 140만이었다고 알려져 있다. 스탈린은 그들에게 시베리아, 카자흐스탄, 우즈베키스탄으로 강제 이주할 것을 명했다. 그리하여 70만이라거나 120만이라고도 하는, 정확한 수를 알 수 없는 사람들이 가축 운반용 화차나 도보로 대이동을 하였다. 그 과정에서 기아와 목마름, 화차貨車에 너무 많은 사람을 몰아넣은 탓에 산소가 결핍되는 등의 여러 요인으로 사망했다. 또한 이주한 곳의 환경도 척박하여 처음 4년간 사망률은 20~25퍼센트에 달했다. 더구나 이러한 강제 이주 대상은 독일계 주민만이 아니라 나중에는 이슬람교도나 옛 발트 3국의 국민, 반스탈린 운동이 격렬했던 서부 우크라이나 주민까지도 확대되었다.

하지만 전선의 소련군 장병 만행도 잔혹함으로는 뒤지지 않았다. 앞서 언급한 이데올로기와 내셔널리즘의 융합과, 이를 통한 국민 동원은 싫든 좋든 적에 관해 무자비함을 키워나갔다. 이제 조국을 해방하고 독일 본토에 발을 디디게 된 소련군 장병은 적의와 복수심을 지닌 채 군인만이 아니라 민간인에게도 약탈과 폭행을 지속했다.

소련군 정치 교육기관은 그러한 행위를 억제하기는커녕 오히려 부채질했다. 다시 일리아 에렌부르크가 쓴 기사를 살펴보자. "보복은 정의이고 신성하기까지 하다. 병사의 친구가 살해당하고, 누이동생이 납치당하고, 살던 마을이 약탈을 당하고 불태워진 것만으로도 이유는 충분하다. 독일의 부엌에 반짝반짝 빛나는 냄비가 있고 식기 찬장에 도자기가 가득 놓인 것만으로도 충분하다. 죽여야 할 독일인을 한 명도 발견하지 못했다면 기관총으로 녀석들의 진기한 유리잔을 박살 내도 좋다."

이렇게 소련군이 가는 곳마다 지옥도가 펼쳐지게 되었다. 어떤 청년 장교의 증언을 들어보자. "여자들, 어머니와 그 자녀들이 도로 좌우에 누워있었다. 각각의 앞에서 바지를 내린 병사들 무리가 떠들썩하게 서 있었다." "피를 흘린 채 의식을 잃은 여자들을 한군데로 모았다. 그리고 우리 병사들은 아이를 지키려는 여자들을 마구 쏘아 죽였다."

'대조국전쟁'을 표방하고 스탈린 체제 유지와 내셔널리즘을 합일시킨 정책은 소련 측에게도 통상전쟁 제동장치를 풀고 범죄행위를 저지르도록 만들었다. 독일 측도 소련 측 만행에 직면하면서 더 잔혹한 모습으로 전쟁을 수행했다.

독소전쟁의 최종 국면은 그렇게 전무후무한 거대한 폭력으로 물들어가고 있었다.

공세 전선은 어디로

1944년 여름은 독일 국방군 대패大敗의 계절이었다.

서측 연합군은 1943년에 북아프리카 추축군을 궤멸시킨 뒤 곧바로 시칠리아섬과 이탈리아 본토로 쳐들어가 무솔리니 정권을 붕괴시켰다. 다음 해 1944년 6월 6일, 그들은 북프랑스 노르망디에 상륙하여 교두보를 확보했다. 마침내 스탈린이 열망하던 제2전선이 열린 것이다. 미영군을 주체로 하는 연합군 공세는 독일군의 저항을 받아 한 달가량 정체했지만, 8월이 되자 교두보 돌파에 성공하여 곧바로 서부전선의 독일군을 궤멸시켰다. 같은 달 25일에는 파리가 해방되었다.

노르망디 상륙작전에 맞추어 소련군 대공세의 실시

는 시간문제였다. 초점은 어디에서 실행할지였다.

첫 번째 선택지는 폴란드 남부와 발칸 반도로 진격하여 루마니아와 헝가리 등 추축국을 전쟁에서 탈락시키는 것이다. 독일군도 그러한 작전이 행해질 가능성이 가장 크다고 보고 있었다. 다만 이 방면에서 작전을 실행하려면 소련군의 병력을 분산해야 하고, 또한 산악지대가 많은 발칸반도 지형 때문에 전진이 늦어질 우려가 있었다.

두 번째 선택지는 우크라이나 북서로 진격하여 폴란드를 지나 발트해 연안에 도착한 후 독일군 배후를 차단하는 것이었다. 하지만 당시의 소련군 지휘 통제와 병참 능력으로 보면 이러한 대작전은 어렵지 않을까 생각되었다.

세 번째 가능성은 핀란드를 굴복시키고 발트 3국을 탈환하기 위해 북으로 전력을 집중하는 것이었다. 하지만 이러한 작전으로는 큰 효과를 기대할 수 없었다. 러시아 북부에서 소련군과 대치하고 있던 독일 북부집단군은 강력한 진지를 구축하고 있었고, 게다가 기동이 힘든 지형이었기 때문에 우회 작전이 힘들어서 결국 희생이 많은 정면 공세를 할 수밖에 없었다. 더구나 만일 순조롭게 진격하더라도 발트해에서 북익을 지탱하던 독일군 전선을 돌파할 수 있을 것 같지 않았다. 무엇보다도 1944년 1월 13일에서 14일에 걸쳐 개시된 소련군 공세로 레닌그라드가 약 900일이 이르는 공위攻圍(병력으로 일정한 지역을 포위하여 외부와의 교통을 끊는 것-역주)에서 해방되었기 때문에 러시아 북부에 작전 노력을 기울일 필요성은 거의 없었다.

결국 소련군이 선택한 것은 프리피야티습지 북측에 전력을 집중하는 공세였다. 소련군의 우크라이나 공세가 성공한 결과, 독일군 전선은 벨로루시 쪽으로 툭 튀어나온 모습이었다. 이 거대한 돌출부를 뿌리부터 제거하기로 한 것이다. 스탈린은 나폴레옹 침공에 대항했던 제정러시아의 장군을 기념하기 위해 이 작전에 '바그라티온Bagration'이라는 이름을 붙였다.

작전술의 완성형

'바그라티온' 작전은 이것이 소련 작전술의 완성형을 보여준다는 점에서 주목해야 한다. 전략 목적을 달성하기 위해 전역戰役을 배치한다는 작전술 원칙에 따라 핀란드 방면의 공세, 벨로루시 작전('바그라티온'), 남부 폴란드로의 진격, 폴란드 중부로의 진공, 루마니아 공세로 구성된 다섯 번의 연속 타격을 실행하게 되어 있었다.

이들 연속 공세가 상호 관련되어 협동의 효과를 얻을 수 있도록 바실렙스키와 주코프 두 장군이 붉은 군대 대본영 대표로서 각자의 사령부와 함께 파견되었다. 그들은 단순히 모스크바의 연결책에 불과한 존재가 아니라 붉은 군대 대본영과 각 전선군 사이에 중간 지휘 단계를 형성하여 곧바로 연속 타격을 할 수 있도록 조정하는 임무를 띠고 있었다. 사실 주코프는 휘하의 제1벨로루시전선군1-i Belorusskii front와 제2벨로루시전선군2-i Belorusskii front, 바실렙스키는 제1발트전선군1-i Pribaltiiskii front 및 제3벨로루시전선군3-i Belorusskii front의 각급 사령관과 회의를 계속하며 실수 없는 '바그라티온' 수행을 다짐했다. 이것도 작전술의 일환이었다고 할 수 있다. 다시 말해 이렇듯 잘 갈고닦은 작전술은 다음 해의 '만주국' 침공에서도 맹위를 떨치게 된다.

1944년 6월 10일 소련군은 레닌그라드 북부에서 공격을 개시하여 6월 21일에는 핀란드령 비푸리Viipuri(현재 러시아령 비보르크Vyborg)를 점령했다. 독일군은 증원을 약속했지만, 병력의 여유가 없어서 보충되지 못한 상태

바그라티온 작전(1944년 6월~8월)
— 소련군의 전선   ← 소련군의 진격

레닌그라드

발트해   탈린

레닌그라드 전선군

제3발트 전선군

제2발트 전선군

북부집단군

제1발트 전선군

제3백러시아
전선군

쾨니히스
베르크   스몰렌스크

중부집단군   민스크

제2백러시아
전선군

바르샤바   제1백러시아 전선군

키예프

제1우크라이나
전선군

크라쿠프

제2우크라이나
전선군

북우크라이나 집단군   카르파티아산맥

제3우크라이나
전선군

부다페스트

오데싸

남우크라이나 집단군

흑해

베오그라드

부카레스크

0   400km

소피아

(출처) David M. Glantz/Jonathan M. House, When Titans Clashed, revised
and expanded edition, 2015 수록 지도를 근거로 작성함.

였다. 9월 19일 소련군의 압력을 견딜 수 없던 핀란드는 단독 강화講和에 나섰다.

이리하여 독일군의 신경이 핀란드로 쏠리던 6월 22일, 우연한 일이었지만 소련 침공이 있은 지 정확히 3년 만에 '바그라티온' 작전이 발동되었다. 투입된 것은 125만 4,300명의 병사, 전차와 자주포 4,070량, 화포 3만 4,016문, 항공기 4,853기를 보유한 4개 전선군이었다. 이에 맞서는 독일군의 병력은 63개 사단, 전투 요원 33만 6,573명(후방 요원 등을 포함하지 않음), 전차와 자주포 495량, 화포 2,589문, 항공기 602기. 서쪽의 노르망디 상륙작전을 훨씬 상회하는 거대한 전투였다(상륙작전 결행일에 노르망디 지역에 있던 연합군과 독일군의 병력을 합쳐도 20만이 조금 넘는 것에 불과했다).

결과는 독일군이 비참한 파국을 맞이하는 것으로 끝났다. 소련군의 교묘한 기만 공작과 엄격한 기밀 유지로 독일 측은 중부집단군이 공격을 받아도 한정적일 것이라고 굳게 믿어버렸고, 그로 인해 '바그라티온'은 큰 기습효과를 얻었다. 소련을 향해 뻗은 돌출 모양의 전선을 포위하고 있던 중부집단군은 양익 포위를 받아 대패했다. 사상자와 포로의 총수는 40만에 이르렀고 28

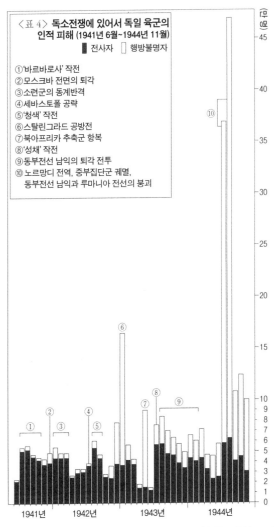

〈표 4〉 **독소전쟁에 있어서 독일 육군의 인적 피해 (1941년 6월~1944년 11월)**

■ 전사자 □ 행방불명자

① '바르바로사' 작전
② 모스크바 전면의 퇴각
③ 소련군의 동계반격
④ 세바스토폴 공략
⑤ '청색' 작전
⑥ 스탈린그라드 공방전
⑦ 북아프리카 추축군 항복
⑧ '성채' 작전
⑨ 동부전선 남익의 퇴각 전투
⑩ 노르망디 전역, 중부집단군 궤멸, 동부전선 남익과 루마니아 전선의 붕괴

(출처) Bruk Müller-Hillebrand, Das Heer 1933~1945. Entwicklung des organizatorischen Aufbaues, Bd. 3, Frankfurt a.M., 1969 부표를 참고로 작성함.

개 사단이 궤멸했다. 소련군은 맹렬히 진격을 계속하여 7월 3일에는 민스크를 해방하고 이어서 폴란드로 진격하여 같은 달 말에는 바르샤바 전면에 도착했다.

이 패배로 독일 국방군은 척추를 가격당해 숨통이 끊긴 처지가 되었다. 다음 해 1945년까지 전쟁은 계속되었지만, 소련군을 막을 방법은 실질적으로 없어졌다.

이러한 독일군의 곤경을 보고 8월 1일에는 폴란드의 저항조직 '국내군'이 바르샤바에서 무장봉기를 결행하여 시내 중심부를 점거했다. 하지만 소련군은 바르샤바 근교에 머물러 있었음에도 '국내군'에게 만족스러운 지원을 하지 않았다. '국내군'은 고립무원인 채 두 달을 싸우다가 힘을 잃고 항복했다.

스탈린은 왜 소련군을 전진시켜 폴란드 '국내군'과 손을 잡고 바르샤바를 해방하지 않았을까. 전후 폴란드에 공산주의 정권을 세우고 위성국으로 만들려던 스탈린에게 런던 망명정권의 지휘를 받던 '국내군'은 방해되는 존재였다. 그래서 스탈린은 이러한 상황을 모른 척하며 독일군이 바르샤바 봉기를 분쇄하기만 기다렸다고 일반적으로 설명한다. 하지만 근래에는 소련군이 분명 바르샤바 전면까지 나아갔지만, 병참이 한계에 달해 있었고, 간신히 태세를 다시 갖춘 독일군의 반격을 받았기 때문에 '국내군'을 지원할 수 없었다는 설도 설득력을 얻고 있다. 이 문제를 둘러싼 논쟁은 지금도 진행 중이고 결론에 이르지 못하고 있다.

3. 베를린으로 가는 길

붉은 파도와 모래성

동부전선은 붕괴 직전이었다. 1944년 8월 20일 발동된 루마니아전선으로 향하는 소련군 공세는 커다란 성공을 거두고 9월 말에는 불가리아에 진출했다. 불가리아는 추축국 일원이었지만 진영을 바꾸어 소련 측에서 참전했다. 소련군은 헝가리로 진격하여 12월 말까지 수도 부다페스트를 포위하며 독일군과 헝가리군의 수비대를 고립시켰다. 독일군은 부다페스트를 구출하기 위해 장갑부대를 파견하여 1944년 12월 말부터 다음 해 1945년 1월까지 반격을 실행함으로써 일단 소련군의 전진을 막았다. 하지만 소련군은 공격을 재개하여 2월

12일 격렬한 시가전 후 부다페스트를 점령했다. 북방, 발트해 연안에서 폴란드에 걸친 지역에서도 소련군은 '바그라티온' 이후의 연속 공세로 북부집단군 후방을 차단하면서 독일국경으로 다가가고 있었다. 군사적으로 보면 이미 전쟁의 결론은 나 있었다.

이러한 곤경을 알게 된 리벤트로프 외상은 주독 일본 대사 오시마 히로시를 초청하여 소련과의 중개를 의뢰했다. 일본 측은 가능성이 희박하다고 생각하면서도 공작에 착수하여 그 취지를 리벤트로프에게 전했다. 하지만 결국 히틀러는 마지막까지 군사적 성과에 의지한다고 결정했다는 것이 리벤트로프의 대답이었다.

이 일화가 상징하듯 히틀러는 패배 직전까지도 대소전쟁을 교섭으로 해결 가능한 통상전쟁으로(그것이 가능했을지의 여부는 제쳐두고) 되돌리려고 노력할 생각을 전혀 하지 않았다. '세계관 전쟁'을 타협 없이 관철하려는 그의 계획은 절대 동요되지 않았다.

'공범자' 국가

하지만 히틀러는 그렇다고 쳐도 독일 국민은 왜 절망적인 정세에 이르렀음에도 항전을 계속했을까. 제1차 세계대전에서는 총력전의 부담을 견디지 못한 국민이 킬Kiel의 수병반란(1918년 11월 3일 독일 제국 발트해의 킬 군항에서 일어난 수병들의 반란-역주)에서 시작된 독일 혁명을 일으켜서 전쟁을 계속할 수 없게 하지 않았던가. 그렇다면 제2차 세계대전의 경우도 총파업이나 봉기를 일으켜 전쟁을 거부할 수도 있지 않았을까. 어째서 1944년 7월 20일에 발생한 히틀러 암살과 쿠데타 시도와 같이 국민 대중을 대표로 한다고 말할 수 없는 저항운동밖에 발생하지 않았던 것일까.

이런 의문에 대한 고전적인 대답으로 종종 거론되는 것은 연합국의 무조건 항복 요구이다. 알다시피 1943년 1월의 카사블랑카에서 열린 루스벨트 미국 대통령과 처칠 영국 수상의 회담에서 내놓은 방침은, 추축국에겐 화평교섭을 통한 조건부 항복을 인정하지 않는 것이었다. 나치 독일은 무조건 항복이 전면적 굴복과 노예화를 의미한다고 선전하고, 그것을 피할 수 없으면 오로지 끝까지 싸우는 수밖에 없다고 국민을 선동했다. 또한 체제의 통제와 동원 능력이 비밀경찰 등에 의해서 제1차 세계대전 때보다도 비약적으로 높아져 조직적인 파업이나 저항이 불가능하게 되었다는 설명도 있다.

그렇지만 근래의 연구는 좀 더 추악한 상을 그려내고 있다. 이 책에서도 언급한 것처럼 나치 체제는 인종주의 등을 전면에 내세워서 현실에 있던 사회적 대립을 호도하고, 독일인이라는 이유만으로 타민족보다 우월하다는 허구로 국민통합을 도모했다. 더구나 이 허구는 군비확장과 병행하며 실행된 높은 생활 수준의 보증과 사회적 권위의 상승 가능성으로 뒷받침되어 있었다. 이러한 정책이 채택된 배경에는 제1차 세계대전으로 국민에게 궁핍함을 참고 견디는 생활을 강요한 결과, 혁명과 패전을 초래한 '1918년 트라우마'가 히틀러 이하 나치 지도부에게 있었기 때문이라고 보는 연구자도 있다.

그렇다고 해도 독일이라는 한 나라의 한정된 자원으로는 국민의 지지를 이익으로 유지하는 정책은 끝을 보게 되어있다. 하지만 1930년대 후반부터 제2차 세계대전 전반까지 확장정책을 편 결과, 병합 및 점령된 국가의 수탈이 독일 국민이기에 주어지는 특권을 유지할 수 있도록 만들었다. 바꾸어 말하면 독일 국민은 나치 정권 '공범자'였다는 의미이다. 이것을 의식하고 있었는지 아닌지는 확실하지 않지만, 국민에게 있어서 항전을 포기한다는 것은 단순한 군사적 패배만이 아니라 특권 정지와 나아가 수탈에 대한 보복을 의미하였다. 따라서 패배가 확실한 정세가 되더라도 국민은 전쟁 이외의 선택지를 찾지 않고 나치 독일이 붕괴할 때까지 계속 싸웠다는 것이 오늘날의 일반적인 해석이다.

즉, 히틀러에게 가담하여 수탈 전쟁과 절멸 전쟁으로 얻은 이익을 누린 독일 국민은 점차 전쟁의 참화에 직면하는 사태가 되었어도 항전을 포기할 수는 없었다.

독일 본토 진공

다른 한편 스탈린과 소련에 있어 독소전쟁은 이미 생존이 걸린 전쟁에서 거대한 세력권을 확보하기 위한 전쟁으로 변질하였다. 독일 침공 전에 획득해 가지고 있던 지역보다 영토를 더욱 확대하는 것이 전쟁의 목적이 되었다. 예를 들어 전후에 성립할 것으로 예상되던 폴란드에도 1939년에 자신들이 빼앗은 지역은 반환하지 않고 독일 영토를 할양하여 폴란드 국경을 서쪽으로 이동시켰다. 또한 그것 이상으로 중동부 유럽을 제압하고 위성국을 세워서 서측과의 완충지대로 삼는 것이 중요했다. 그러기 위해서는 되도록 소련군을 진격시켜 중동부 유럽의 지배를 기정사실로 만들어야 했다.

'자유와 목숨을 건 국민 돌격대'. 소련군, 영미연합군의 진공에 맞서기 위해 조직된 민병조직, 국민 돌격대 지원을 촉구하는 포스터. 독일역사박물관 소장.

이러한 스탈린 정책은 1945년 2월, 크림반도의 얄타에서 열린 미영소 수뇌회담에서 여실히 드러났다. 스탈린은 패전 독일의 분할통치 외에 폴란드, 발트 3국, 체코슬로바키아, 발칸반도 각국을 세력권으로 인정하도록 요구했다.

독일 본토 진공 작전은 사실상 이러한 스탈린의 전략 목표를 달성하기 위한 계획이었다. 발칸전선 공세로 독일군의 예비를 남으로 유인한 후 전선 공격과 남쪽에서의 돌진으로 동프로이센에 있는 적을 포위하여 섬멸하고 쾨니히스베르크(현재 러시아령 칼리닌그라드)를 점령한다. 이 동프로이센 작전과 동시에 비스와강에서 폴란드 서부를 횡단하여 베를린으로 향하는 주공主攻이 시작되었다.

1945년 1월 12일 소련군의 독일 진공 작전이 시작되었다. 제1우크라이나전선군은 공세 발동 후 일주일 동안 독일 본토에 진입하여 같은 달 21일에서 22일 밤까지 베를린을 지키는 마지막 자연 장벽 오데르Oder강을 건너고 있었다. 제1벨로루시전선군도 1월 31일 퀴스트린Küstrin 북쪽에서 오데르강을 건넜다.

이제 소련군의 베를린 진격을 막을 것은 없다고 생각되었지만, 안전책을 취하기 위해 스탈린은 적의 수도로 전진하기 전에 양 측면인 포메른Pommern과 슐레지엔Schlesien(실레지아Silesia)의 독일군 잔존부대를 소탕하도록 명했다. 그동안 수도를 지켜야 할 독일군 장갑부대 주력은 그곳에 없었다. 1945년 1월의 반격이 초반에 성공한 것을 과대평가한 히틀러는 마지막 남은 강력한 장갑군(제6SS)을 헝가리로 파견하여 반격을 하도록 했다(3월에 작전 중지). 3월 16일 소련군이 공세를 발동함과 동시에 베를린 전면의 독일군 전선은 토막이 났다. 남쪽에서는 궤주潰走하는 독일군을 추격한 소련군이 4월 13일

빈까지 진격했다.

베를린 함락

처음에는 신중한 작전지휘를 하던 스탈린이었지만, 4월이 되자 베를린 공략을 서두를 필요가 생겼다. 서 측 연합군이 라인강을 건너 급속도로 동진을 시작했기 때문이다. 적의 수도 점령이라는 영예를 빼앗겨서는 안 된다고 생각한 스탈린은 베를린 진격을 서두르라고 명했다.

1945년 4월 16일 주코프가 지휘하는 제1벨로루시전선군은 베를린 동쪽에 있는 제로프 고지 공격을 시도했다. 이곳을 돌파하면 베를린으로 향하는 길에는 어떤 장애물도 없어지기 때문이다. 하지만 압도적인 수로 공격을 했던 소련군은 독일군 장갑부대의 교묘한 반격을 받아 큰 피해를 보고 말았다. 종종 독일군 장갑부대의 '백조의 노래'(작가가 죽기 전에 마지막으로 지은 시가나 가곡 따위를 이르는 말. 백조는 죽기 직전에 노래한다는 북유럽 전설에서 유래하였다-역주)라 불리는 전술적 승리였다. 하지만 오늘날에는 제로프 전투가 독일군의 승리라기보다 주코프의 패배로 알려져 있다. 주코프가 좁은 전선에 병력을 과잉 집중했기 때문에 소련군은 작전 및 전술적으로 유효한 움직임을 취할 수 없어서 독일군 방어 포화의 좋은 먹잇감이 되고 말았다.

그날 밤 스탈린은 제로프 고지 탈취의 실패를 보고한 주코프에게 이반 코네프Ivan Konev 원수가 이끄는 제1우크라이나전선군의 진격은 순조로우니 그쪽에 베를린 포위의 명령을 내리라고 지시했다. 전형적인 분할통치이다. 스탈린은 장군들을 나누어서 경쟁시키는 것이야말로 자신이 이익을 얻는 방법이라고 믿었다. 주코프로서도 라이벌이 큰 공을 세우는 것을 수수방관할 수는 없었다. 다음 날 17일 주코프의 제1벨로루시전선군은 제로프 고지를 우회하여 다른 전선에서 돌파에 성공했다. 전투 초점은 점차 베를린으로 옮겨갔다.

4월 20일 소련군 선봉 부대는 베를린에 최초의 포격을 퍼부었다. 제1벨로루시전선군이 북동쪽, 제2우크라이나전선군2-i Ukrainskii front이 남동쪽에서 베를린을 포위했다. 하지만 히틀러는 수도를 떠나려 하지 않았다. 총통이 베를린에 있는 이상, 독일 국민은 항전을 계속할 것이고, 또한 외부에서 지원군이 와서 포위를 풀어주리라고 믿었다. 하지만 그러한 부대는, 실제로는 이미 전부 소모되어 베를린 포위를 푸는 것은 불가능했다.

라이히스타크Reichstag(옛 제국의회 의사당) 전투.
천년 제국의 수도가 될 뻔했던 베를린은 황량한 폐허로 변했다.

4월 26일 주코프의 제1벨로루시전선군은 베를린 시내로 돌입했다. 시가전이 개시되어 특히 국회의사당 Reichstag 주변은 격전지로 변했다. 소련군은 점차 시내 중심부를 제압했고, 베를린의 독일군 수비대는 5월 2일 항복했다. 이에 앞선 4월 30일 히틀러는 총통 지하 참호에서 자살했다. 유서에는 여전히 투쟁을 계속하라는 호소가 적혀있었다.

포츠담의 종지부

대전 최종 단계의 독일은 묵시록적 양상을 보였다. 독일 본토로 진공한 소련군은 약탈, 폭행, 살육을 계속했다. 이러한 만행을 두려워하여 죽음을 선택한 사례도

(출처) Earl Frederick Ziemke, The U.S. Army in the occupation of Germany, 1944~1946, Washington, D.C., 1975 수록 지도를 근거로 작성함.

적지 않다. 그중에는 집단자결도 있었다. 포어포메른 Vorpommern의 작은 도시 데민Demmin에서는 소련군 점령 직후, 1945년 4월 30일에서 5월 4일까지 시민의 다수가 자살했다. 정확한 사망자 수는 지금도 여전히 불분명하지만, 700~1,000명 이상이 스스로 목숨을 끊었다고 추정된다. 세계관 전쟁 패배의 귀결이었지만 나치 프로파간다는 데민 시민이야말로 모범이라고 칭찬했다.

이에 더해 독일이 점령했던 토지에 입식入植(개척지나

식민지에 들어가 생활하는 일-역주)했던 사람들, 러시아, 폴란드, 체코슬로바키아, 헝가리 각국의 독일계 주민이 소련 점령 군과 전후에 성립한 중동부 유럽 각국의 신정권에 의해서 추방됨으로써 막대한 수의 희생자가 발생했다. 그들 '피추방민'은 재산을 몰수당하고 기아와 전염병에 시달리며 대다수는 걸어서 독일로 향했다. 그 총수는 1200~1600만 명으로 추정된다. 그중에서 사망자는 100~200만이라 전해진다.

이러한 혼란의 여파가 완전히 가시지 않은 7월 17일부터 베를린 근교의 포츠담시에서 연합국 수뇌회담이 열렸다. 스탈린과 미영 정상이 전후 질서의 방침을 논의했다. 회담 결과 독일 동부 영토의 소련과 폴란드 할양과 독일 분할점령 방침 등이 정해졌다. 후자는 나중에 독일의 동서 분열로 이어졌다. 이렇게 만들어진 독일연방공화국(서독)과 독일민주공화국(동독)이 다시 통일되기까지는 반세기 가까운 세월이 걸렸다.

동방 식민지제국 건설을 꿈꾸며 시작된 '세계관' 전쟁은 히틀러가 천 년 동안 계속될 것이라 큰소리쳤던 국가의 붕괴, 나아가 다른 민족에 의한 점령과 민족 분열이라는 형태로 마침표를 찍었다.

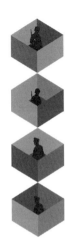

종장
'절멸 전쟁'의 긴 그림자

대소전쟁은 복합전쟁이다

　이상, 이 책에서는 독소전쟁의 전사前史와 전쟁 경위, 무엇보다도 그 성격을 서술했다. 독일이 수행하려던 독소전쟁은 전쟁 목적을 달성한 후 강화講和로 종결하던 19세기적 전쟁이 아니라 인종주의에 근거한 사회질서 변경과 수탈에 의한 식민지제국 건설을 목표로 하는 세계관 전쟁이었다. 또한 '적'이라고 지명된 사람의 생명을 조직적으로 빼앗는 절멸 전쟁이기도 한 복합적인 전쟁이었다고 생각한다.

　애초 대소전쟁은 통상전쟁, 수탈 전쟁, 세계관 전쟁(절멸 전쟁)의 세 가지가 균일하게 진행되었다(<표 5> 참조). 하지만 이 전쟁 세 종류가 겹치는 지점에서는 국방군의 출동부대 지원과 레닌그라드에 대한 기아작전 등 현상이 이미 나타나고 있었다. 이어서 통상전쟁에서 자신들의 우세가 위태로워지자 수탈 전쟁과 절멸 전쟁의 비중이 커진다. 더욱 패색이 짙어지자 통상전쟁이 '절대전쟁'으로 바뀌었다. 게다가 그것은 절멸 전쟁과 수탈 전쟁에 포함되어 다시 없을 살육과 참화를 초래했다.

　소련은 대독전쟁에서 공산주의 성과를 지키는 것이 곧 조국을 지키는 것이라는 논리를 만들어 이데올로기

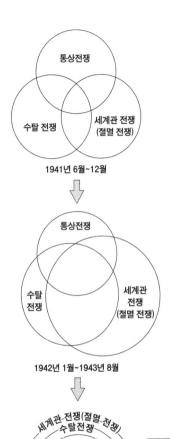

통상전쟁

수탈 전쟁   세계관 전쟁
            (절멸 전쟁)

1941년 6월~12월

통상전쟁

수탈
전쟁   세계관
             전쟁
            (절멸 전쟁)

1942년 1월~1943년 8월

세계관-전쟁(절멸-전쟁)
수탈전쟁

절대전쟁

1943년 8월~1945년 5월

〈표 5〉 **복합전쟁으로서의 대소전쟁**
원 세 개가 겹쳐진 곳에서 국방군에 의한 출
동부대의 지원, 노동력 확보를 위한 강제 연
행, 학살과 약탈 등 나치 범죄와 전쟁범죄가
발생한다. 전쟁 국면의 악화와 함께 '세계관
전쟁'과 '수탈 전쟁'이 비대肥大해지고, 독일
의 패전이 결정된 최종 단계에서 통상전쟁은
완전히 사라지고 '절대전쟁'으로 변질되었다.

와 내셔널리즘을 융합시킴으로써 국민 동원을 도모했다. 이러한 방책은 독일의 침략을 물리치는 원동력이 됐지만, 동시에 적에 관한 무제한 폭력의 발동을 허용했다. 또 유럽 중동부로의 확장이 소련이라는 둘도 없는 조국의 안전보장을 위해 필요불가결하다는 동기부여가 되기도 했다.

실증연구를 방해해온 것

하지만 이상과 같은 이해에 도달하는 길은 결코 쉽지 않았다. 마지막으로 전후에 있었던 해석의 흐름을 개관해두고자 한다.

전후 소련과 위성국에서 대독전쟁 실태는 은폐되었다. '대조국전쟁'은 불가침조약을 무시한 파시스트의 침략을 소련을 구성하는 여러 국민이 전선에서 막고 격퇴하여 찬란한 승리를 획득했다는, 공산주의 이데올로기와 그 원칙으로 구축된 체제 우위를 나타내는 공식 사관이 유포되었다. 이런 국민의 '신화'를 유지하기 위해 기밀문서 대부분은 봉인되었고, 여기에 역사연구자까지도 합세하여 공식 사관에 불리한 사실 왜곡과 은폐가 시도되었다.

이러한 상태는 1980년대 후반, 미하일 고르바초프 서기장에 의한 개혁과 정보공개, 1992년 소련 붕괴까지 계속되었지만, 그 이후 기밀문서 해제와 역사논의 자유화로 비로소 새로운 사료나 증언에 의한 독소전쟁의 진상 규명이 진행되고 있다.

한편 독일 측에서는 군사적인 의미에서도, 나치 범죄와 전쟁범죄라는 면에서도 대소전쟁 책임은 전후 오랫동안 죽은 히틀러에게 미루어져 왜곡된 독소전쟁 모습이 그려져 왔다. 국방군 장군들은 육군 총사령부가 대소전쟁에 소극적이었음에도 히틀러 의지에 눌려서 그럴 수밖에 없었다는 전설을 퍼뜨려왔다. 동부전선에서 행해진 집단학살에 관해서도 모든 것은 친위대 짓으로 국방군은 관여하지 않았다고 진술했다. 이러한 주장은 앞서 등장했던 파울 카렐의 저서를 비롯하여 실화라는 이름을 내건 정치적 서적이나 잡지 기사로 서독 사회에 침투해갔다.

하지만 이러한 장군들의 허구도 역사연구가 진행되고 냉전 종결 후 국민 의식이 변화함에 따라 무너졌다. 예를 들어 이 책에서 살펴본 것처럼 히틀러만이 아니라 독일 국방군도 군사적인 관점에서 대소전쟁이 불가피하다고 생각했다는 사실이 폭로되었다. 나치 범죄와 전쟁범죄의 관련에 대해서도 1995년에서 1999년, 2001년에서 2004년 두 번에 걸쳐 행해진 국방군 범죄를 주제로 한 순회전시회 '국방군전'을 계기로 독일 사회에 널리 알려졌다. 오늘날에는 국방군과 나치와 전쟁범죄는 독소전쟁 연구의 중요한 주제 중 하나가 되었다.

정치적으로 이용되어온 독소전쟁사

그렇지만 독소전쟁 역사는 정치적으로 이용되어왔고 지금도 여전히 그러하다. 예를 들어 전후 서독에서는 육군 총사령부가 적절한 작전지휘를 실행했지만, 히틀러의 잘못된 결단과 세세한 사항까지 개입하던 것만 없었다면 전쟁에 승리했으리라는 설이 유력했다. 군사적으로도 국방군은 작전과 전술적인 우세에 있었지만 단지 소련이 국민 목숨을 아무렇지 않게 여기면서 인적자원을 투입했기 때문에 물질적 우위에서 패배한 것이라는 주장이 퍼져있었다.

물론 오늘날에는 이러한 논의는 성립되지 않는다. 이미 언급했던 대로 육군 총사령부가 입안했던 대소작전은 적의 실력을 과소평가하고 자신들의 병참 능력을 무시했던 허술한 것이었다. 소련의 인적자원과 물적자원의 우위는 분명 그들이 승리한 원인 중 하나였다. 하지만 독소전쟁 중반 이후 소련군은 작전술에 근거한 전략 차원의 우위로 독일 국방군을 압도한 것도 사실이었다.

그런데도 '수적으로 압도적이었던 소련군에 비해 질적으로 우세했던 독일군'이라는 전설은, 냉전기에는 서독만이 아닌 서방측 여러 나라에서도 팽배한 설이었다. 소련을 중심으로 한 바르샤바조약기구의 압도적 군사력과 대치하고 있던 북대서양조약기구NATO 각국에 독일 국방군 장군들이 만든 대소전쟁 메타포는 자유롭고 민주주의적인 체제는 물량을 투입하기만 하는 비인간적 공산주의 군세보다 우월하다는 신념의 전제가 될 수 있었기 때문이었다.

이처럼 독소전쟁과 그 결과는 여러 가지로 이용되어 왔다. 최근에는 푸틴의 러시아가 민족의 영광을 상징하고 현 체제의 정통성을 뒷받침하는 역사적 근거로 대소전쟁의 승리를 강조하는 것은 잘 알려진 사실이다. 또 예전의 서독이나 현재의 독일에서도 피추방민으로 구성된 정치단체 '피추방민동맹'은 정치 우경화에서 힘을 발휘하고 있다. 독소전쟁 종결 후 70여 년이 지나도 이

전쟁의 여파는 사라지지 않고 있다.

절멸 전쟁과 수탈 전쟁을 벌인 데 대한 속죄의식과 전쟁 말기에 당한 소련군의 만행에 관한 분노는 여전히 독일의 정치와 사회의식의 저변에 깔려있다. 굳이 예를 들자면 독일인이 느끼는 독소전쟁의 모습은 일본인이 '만주국'의 역사와 중일전쟁에 관해 품는 인상과 중첩된다고 해도 좋다.

이런 의미에서 이 전쟁의 실태를 이해하는 것은 독일 현대사, 나아가서는 독일의 현상을 이해하는 것 이상으로 중요한 전제가 되고, 어쩌면 아시아태평양전쟁 역사를 현실적 정치문제로 안고 있는 일본인에게도 유익하리라고 생각한다.

이 책이 그런 작은 첫걸음이 되기를 바란다.

후기

　새삼스레 일기를 들추어보니, 이와나미 신서의 나가누마 코이치永沼浩一 편집장이 처음 연락해온 것은 2018년 5월 28일이었다. 때마침 휴일이라 시내 고서점에 나가 있던 나는 대충 차려입은 모습을 신경 쓰면서 돌아오는 길에 진보초神保町에 있는 이와나미 서점에 들렀던 것으로 기억한다.

　나가누마 씨는 생각지도 못한 것을 의뢰했다. 신서에서 독소전쟁 통사를 써보지 않겠느냐는 제의를 한 것이다. 언감생심 감사한 제의였다. 이 책의 '머리말'에서 언급했듯 일본에서 독소전쟁을 주제로 한 문헌은 거의 학자들만 읽는 전문서와 일반인을 대상으로 한 전쟁물(1970년대 수준에 머문 것이 적지 않다)로 양분된 상태이다. 그런데 서양에서 진행된, 전쟁사와 군사사의 학문적 성과를 다룬 독소전쟁사를 제시하는 일은 대단히 의미 있다고 생각했다.

　나가누마 씨의 주문은 갈수록 많아졌다. 전쟁사와 군

사사를 주로 다루는 것은 당연하겠지만, 당연히 그것만으로는 독소전쟁을 이해할 수 없다, 반드시 나치즘, 홀로코스트의 관련이나 정치 외교사적 측면과 전시경제도 다룬 통사로서 독소전쟁에 관심을 두고 공부하고 싶어 하는 사람들에게 입문서 역할을 할 수 있길 바란다는 것이었다.

머릿속이 복잡해지기 시작했다. 부족한 내게 너무나 황송한 작업이었다.

정신을 차리고 보니 이미 대답한 뒤였다. 누구나 길잡이로 삼을 수 있는 책을 이와나미 신서에서 낸다는 사실에 욕심이 났다는 것은 부정할 수 없다. 사실 이전부터 독소전쟁을 1년 단위로 한 권씩 구분하여 상세한 통사를 써보고 싶다는 바람이 있었다. 간결한 신서로 독소전쟁에 관해 써두면 그것을 위한 모양의 '설계도'가 될 수도 있을 것이다.

하지만 집필을 시작해보니 예상했던 것도 있었지만 어려운 점이 더 많았다. 몇 개 절은 이미 발표된 문장을 근거로 쓸 수 있었지만, 대부분은 새롭게 역사자료를 반복하여 확인하는 작업이 필요했다. 그런데도 이 책 출간이 가능했던 것은 선학의 여러 업적과 편집을 담당하신 나가누마 씨의 줄기찬 권유와 격려 덕분이었다. 다시금 지면을 통해 나가누마 씨 정성에 감사의 말씀을 전하고 싶다.

그렇다 해도 이와나미 신서에서 교과서적인 독소전쟁의 통사를 쓴다는 큰 과제가 과연 달성되었을까. 독자들의 평가를 설레는 심정으로 기다리는 바이다.

2019년 5월

오키 다케시

옮긴이 후기

  '8·15'는 일본의 쇼와천황昭和天皇이 포츠담 선언을 받아들이겠다고 라디오 방송을 한 1945년 8월 15일을 가리킨다. 그렇다면 동아시아 각국은 이날을 어떻게 기억하고 어떻게 기념하고 있을까.

  한국에서 '8·15'는 1945년과 1948년의 연속과 대립을 포함한다. 1945년의 '8·15'는 일본의 식민지배에서 해방된 '광복절'이다. 반면, 1948년의 '8·15'는 당시에는 '광복절'이었지만, 지금은 대한민국 수립의 '건국일'로 받아들여지기도 한다. 전자는 1945년의 민족해방을, 후자는 1948년 대한민국 수립을 기념하려는 관점이다. 참고로 한국 역사 교과서에는 일본에서 독립했다는 측면에서 '8·15'에서 '광복'을 더 부각하는 '광복절'이라 부르는 데 비해, 북한 역사 교과서는 김일성의 지도로 민족해방투쟁에서 승리했다는 측면에서 '8·15'에서 '해방'을 부각해 '민족해방기념일'로 부른다.

  일본에서 '8·15'는 종전기념일, 정식으로는 전몰자를 추도하고 평화를 기념하는 날이다. 하지만 '8·15'는 아시아·태평양전쟁에서 일본이 연합국에 포츠담선언을 수락한 8월 14일도 아니고, 도쿄만東京湾에 정박한 미군의 미주리호에서 항복문서에 조인한 9월 2일도 아니다. 현재 연합국 대부분은 9월 2일을 '대일전승기념일'로 축하하고 있고, 일본에서도 연합국최고사령부GHQ의 지배를 받던 시기에는 9월 2일이 '항복기념일'이었다. 하지만 1952년 4월 샌프란시스코강화조약이 발효된 이후부터는 '9·2'가 아니라 '8·15'를 '종전기념일'로 기념하기 시작했고, 1963년부터는 이날 '전국전몰자추도식'을 개최한다. 따라서 일본의 '8·15'는 평화를 기념하는 날이자 전쟁의 가해자와 피해자 구별 없이 이들의 죽음을 추도하는 날이 되었다. 그 대표적 행사가 8월 6일 히로시마, 8월 9일 나가사키의 원폭 투하 평화기념식이다. 한편 '일본'이라 해도 본토가 아닌 지역, 즉 1945년 4월부터 미국이 상륙하여 치열한 전투를 벌였던 오키나와에서는 6월 23일에 현지 일본군 사령관 등이 자살하면서 미군에 대한 조직적 저항이 끝났으므로, '8·15'가 아니라 '6·23'을 '위령의 날'로 정하고 있다.

그렇다면 연합군의 일원으로 '항일전쟁'을 펼쳤던 중

국은 어떠할까.

중화인민공화국(이하 중국)에서 '항일전쟁' 승리를 기념하는 공식 기념일은 '8·15'가 아니라 '9·3'이다. 이날이 '항일전쟁승리기념일'로 된 이유는 소련과 관련이 깊다. 소련은 남쿠릴열도(북방 4도) 점령이 거의 끝난 9월 3일을 대일 승전기념일로 결정했는데, 이것을 1951년 소련과 '중소우호동맹상호원조조약'을 맺은 중국이 받아들인 것이다. 하지만 '중소우호동맹상호원조조약'의 30년 유효기간이 1980년에 종료하고 1982년 일본의 역사 교과서 검정 파문 등을 계기로 8월 15일에 의미를 더 두기 시작하여, 현재는 역사 교과서에서도 '8·15'를 항일전쟁에서 승리한 날로 기술하고 있다. 하지만 현재 중국은 1949년 10월 1일, 즉 중국의 건국일인 '국경절'에 더 큰 의미를 두고 있어 일본과 한국처럼 '8·15'에 별도의 공식행사를 하지 않는다.

타이완은 한국처럼 1945년 8월 15일에 타이완총독부 지배가 끝나고 중화민국의 한 성省으로 편입되었지만, 국민당 정부는 천이陳儀를 파견하여 타이베이台北에서 일본의 항복 접수 의식을 주재한 1945년 10월 25일을 타이완의 '광복절'로 지정했다. 이후 '10·25'는 계엄령이 해제되고 민주화를 이뤄낸 1988년까지 '광복절'로 기념되었다. 하지만 '광복절' 기념행사는 1996년부터 점차 감소하고 2001년에는 공휴일에서 제외되었으며, 심지어 일부 사람들은 중국과 거리를 두기 위해 '광복절'을 '종전기념일'로 바꾸어 부르고 있다.

한편, 연합군의 일원인 프랑스 식민지였던 베트남에서는 호찌민이 이끄는 베트남 독립동맹이 하노이를 접수하고 베트남제국을 무너뜨린 8월 19일을 기념하는 '8월 혁명기념일'(일명 하노이 해방일)과 같은 해 9월 2일 정식으로 베트남민주공화국의 독립을 선언한 날을 기념하는 '건국기념일'이 있다. 이중 국경일은 9월 2일이다. 이는 1975년 4월 30일 베트남전쟁 종결을 기념하는 '전승기념일'과 함께 중요 국경일로 기념되고 있다.

2020년 8월 15일. 이날을 둘러싼 한국과 일본의 '기억' 투쟁은 올해에도 어김없이 이어졌다.

태평양전쟁 '종전' 75주년을 맞이한 일본. 이날 아베 신조安倍晋三 내각의 각료 네 명이 야스쿠니신사靖国神社를 직접 참배했다. 아베 총리는 참배하지 않았으나 야스쿠니신사에 8년째 공물을 보냈다. 정치가들만이 아니었다. 일본의 많은 국민도 야스쿠니신사에 참배했다. 그중에는 전전戰前 일본 군국주의를 상징하는 욱일기를 두른 남성의 모습도 있다.

광복 75주년을 맞이한 한국. 오전 10시, 문재인 대통령 내외는 동대문디자인플라자DDP에서 열린 제75주년 광복절 경축식에 참석했다. 경축식이 열리는 DDP(옛 동대문운동장)는 경성운동장, 서울운동장, 동대문운동장을 거치면서 자유 해방 경축 전국종합경기대회, 임시정부 요인 환국 기념행사, 김구 선생 장례식, 3·1절 국경일 기념식 등 '독립'과 관련된 다수의 역사적인 기념행사가 개최된 장소이다. 경축사의 키워드는 '광복'이었고, 참석자들은 태극기를 흔들었다.

오후, 광화문에 많은 사람이 모여들기 시작했다. 모某 단체 주최로 개최되는 '8·15 건국절 국민대회'에 참가하는 사람들이다. 그들 또한 태극기를 흔들었다. 다만 여기에서는 성조기도 함께이다. 그리고 급기야 일장기도 등장했다. 어디까지나 그들에게 8월 15일은 '광복'이 아니라 '건국'이다.

이 책은 제2차 세계대전 당시 가장 치열한 전투로 회

자되는 독일과 소련의 전쟁을 다루고 있다. 최신 연구 성과를 반영하여 꼼꼼하게 독소전쟁의 의미를 추적한다. 하지만 이 책의 의미는 '연구'라는 틀을 넘어서는 곳에 있다고 생각한다. 그것은 '국가주의'와 '역사수정주의'에 대한 끊임없는 거리 두기가 관철되고 있다는 점이다. 이 점이야말로 이 책이 일본에서 2020년 신서 대상을 받은 이유일 것이다. 일본 못지않게 '국가주의'와 '역사수정주의'가 만연하고 있는 한국에도 이 책이 전하는 독소전쟁 '의미'가 전해지길 간절히 바란다.

끝으로 어려운 출판 상황 속에서도 전후 일본의 '지성'으로 평가받는 이와나미 신서를 꾸준히 소개하는 AK커뮤니케이션즈에 경의를 표한다.

2020년 8월 15일을 보내며

옮긴이 박삼헌

문헌 해제

마지막으로 독자가 지식을 심화하는 데 중요한 열쇠가 될 수 있는 역사자료나 직접 인용한 문헌을 정리하는 것으로 참고문헌 목록을 대신한다. 가능한 한 일본어 문헌을 우선했지만, 번역되지 않은 것은 지은이가 일본어로 번역한 제목을 제시하고 원서의 서지 정보만 표기했다. 일본어로 번역된 책이 있는 경우에는 번역서의 서지 정보만 적었다. 그중에는 저자명, 서명 등에서 본서와 다른 고유명사 표기를 채용하는 것도 있지만 원문 그대로 두었다(국내 번역본이 있는 경우 한국어 서지 정보를 함께 적었다.-역주).

1. 자료와 문헌

전반全般

독소전쟁의 전제가 되는 제2차 세계대전 통사에 관해서는 독일연방국방군 군사사연구국이 편찬한 Militärgeschichtliches Forschungsamt, *Das Deutsche Reich und der Zweite Weltkrieg*, 10Bde., Stuttgart, 1979~2008이 군사만이 아니라 전쟁경제, 외교, 국민 생활 등도 다루고 있어서 중요한 연구이다. 또한 독소전쟁만이 아니라 제2차 세계대전사 전반에 관한 기본사료는 독일 육군 참모총장 프란츠 할더 상급 대장의 일기 Arbeitskreis für Wehrforschung, *Generaloberst Halder, Kriegstagebuch. Tägliche Aufzeichnungen des Chefs Generalstabes des Heeres 1939~1942*, 3 Bde., Stuttgart, 1962~1964가 있다.

최근 일본어로 번역 출간된 헤들리 P. 윌모트Hedley P. Willmott(도마쓰 하루오等松春夫 감역), 『위대한 성전大いなる聖戦』상·하, 고쿠쇼칸코카이国書刊行会, 2018은 독소전쟁이야말로 제2차 세계대전의 귀추를 결정했다는 중요한 시점에서 쓰인 개설서이다. 전쟁사와 군사사 측면에서 본 독소전쟁사로는 무엇보다 David M. Glantz/Jonathan M. House, *When Titans Clashed. How the Red Army Stopped Hitler*, revised and expanded edition, Lawrence, Kans., 2015(권도승·남창우·윤시원 옮김, 『독소전쟁사 1941~1945』, 열린책들, 2007)를 참조할 만하다. 1995년에 『상설 독소전쟁 전사 '사상 최대 지상전'의 실상詳解 独ソ戦全史-「史上最大の地上戦」の実像』이라는 제목의 일본어 번역서가 출판되었지만, 아쉽게도 이 일본어 번역서는 오역이 많

아 신뢰하기 어렵다. 예를 들어 이 책에 서술된 1941년에서 1942년의 동계전투에 관한 중요한 지적이 다음과 같이 전혀 다른 의미로 번역되어 있다.

> The German forces had survived not because of the 'stand fast' order but because the Soviets had attempted more than they could accomplish."(David M. Glantz/Jonathan M. House, When Titans Clashed. How the Red Army Stopped Hitler, Lawrence, Kans., 1995, p.97의 원문)
>
> 독일군이 참고 견딜 수 있었던 것은 '사수 명령' 때문이 아니라, 독일군 장병이 소련 측이 하는 이상의 일을 수행했기 때문이었다.(모리야 준守屋純 번역)

이외에도 총통 대본영이 있던 라슈텐부르크를 '라스텐부르크'라고 표기하는 등 단순한 실수 건수가 너무 많아서 도저히 신뢰할 수 없는 번역서라는 점은 유감이다. 따라서 현재로서는 2015년에 간행된 원서의 개정증보판을 참조하는 것이 좋다. 새로운 번역서가 어서 나오길 바란다.

서양에서는 독소전쟁 연구서가 너무 많아 셀 수 없을 정도이다. 독일어 문헌에도 관심이 있는 독자에게는 입문서로 Christian Hartmann, *Unternehman Barbarossa. Derdeutsche Krieg im Osten 1941~1945*, München, 2011을 추천한다. 간결하면서 적확하게 요점을 잘 정리하고 있다. 독소전쟁 관련 문헌목록(해제 포함)으로는 Rolf-Dieter Müller/Gerd R. Ueberschär(Hrsg.), *Hitlers Krieg im Osten 1941~1945. Ein Forschungsbericht*, Darmstadt, 2000이 2000년까지 간행된 자료를 망라하고 있다. 21세기에 들어서 간행된 문헌에 관해서는 새로운 연구서의 문헌목록이나 서양의 학술잡지, 예를 들어 독일의 『군사사잡지 *Militärgeschichtliche Zeitschrif*』나 영국의 『슬라브군사연구잡지 *Journal of Slavic Military Studies*』 등을 보면 좋을 것이다.

또한 독소전쟁의 중요 인물인 히틀러의 전기는, 현재로서는 이안 커쇼Ian Kershaw(이시다 유지 石田勇治 감수, 가와키타 아쓰코川喜田敦子·후쿠나가 미와코福永美和子 번역), 『히틀러ヒトラー』 상·하, 하쿠스이샤白水社, 2018(이희재 옮김, 『히틀러』 1·2, 교양인, 2010)이 최고이다. 독소전쟁의 이해에도 많은 도움이 된다. 나치 독일의 통사로는 아직 원서의 제1권(일본어 번역서는 상·하로 분권 되어 있음)이 일본어로 간행되어 있을 뿐이지만, 리처드 에반스Richard J. Evans(오키 다케시大木毅 감수, 야마모토 고지山本孝二 번역), 『제3제국의 역사第3帝国の歴史』 전6권, 하쿠스이샤白水社, 2018~ 가 상세하고도 포괄적으로 서술되어 있다.

스탈린 전기는 드미트리 볼코고노프Дмитрий Волкогонов(이쿠타 신지生田眞司 번역), 『승리와 비극-스탈린의 정치적 초상勝利と悲劇-スターリンの政治的肖像』 상·하, 아사히신문사朝日新聞社, 1992이 상세하지만, 저자가 레닌에서 스탈린까지의 소련 지도자에게 과도하게 비판적이므로 주의할 필요가 있다.

이하, 이 책의 각 장에 관한 참고문헌에 대해 해제를 추가해 소개한다.

머리말 현대의 야만

알렉산더 워스Alexander Werth(나가시마 히로시中島博·가베 가쓰히로壁勝弘 번역), 『싸우는 소비에트 러시아戦うソヴェト·ロシア』 전2권, 미스즈쇼보みすず書房, 1967~1969는 독소전쟁 전반부를 다룬 훌륭한 르포르타주reportage로, 오늘날에도 오래됐다는 생각이 들지 않을 정도이다. 파울 카렐의 문제성에 관해서는 오키 다케시大木毅, 『제2차대전의 '분기점'第二次大戦の〈分岐点〉』, 사쿠힌샤作品社, 2016에 수록된 졸론 「파울 카렐의 두 가지 얼굴パウル·カレルの顔」에 상술되어 있으니 참조하기 바란다.

1장 거짓 악수에서 격돌로

David E. Murphy, *What Stalin Knew: The Enigma of Barbarossa*, New Haven, CT : Yale University Press, 2005는 독소전쟁 전야前夜의 정보전에 관한 흥미로운 기술을 다수 포함하고 있다. 히틀러의 대소전쟁 결정에 관해서는 미야케 마사키三宅正樹, 『일독이 3국동맹 연구日独伊三国同盟の研究』, 난소샤南窓社, 1975에 연구사가 잘 정리되어 있다. 국방군이 대소전쟁에 적극적이었다는 것은 앞에서 제시한 Militärgeschichtliches Forschungsamt, *Das Deutsche Reich und der Zweite Weltkrieg, Bd. 4, Der Angriff auf die Sowjetunion.*, Stuttgart, 1983에서 지적했다. 대소작전계획의 구체적인 입안에 관해서는 베리 리치Barry Leach(오카모토 라시스케岡本鐳輔 번역), 『독일군 소련 침공独軍ソ連侵攻』, 하라쇼보原書房, 1981이 자세하다.

2장 패배를 향한 승리

소련군의 독트린에 관해서는 가타오카 테츠야片岡徹也 편, 『군사사전軍事の事典』, 도쿄도출판東京糖出版, 2009에 간단한 기술이 있다. 1936년판 「붉은 군대 야전교령赤軍野戰教令」은 전전戰前에 옛 일본육군이 번역한 것을 전후에 해설을 붙여 도이 오키오土居明夫, 『소련의 전술ソ連の戰術』, 오쿠라출판大藏出版, 1953로 출판되었다. '전격전'의 실태와 그 독트린에 관해서는 칼 하인츠 프리저Frieser, Karl-Heinz(오키 다케시大木毅·안도 고이치安藤公一 번역), 『전격전이라는 환상電擊戰という幻』상·하, 주코코론신사中央公論新社, 2003(진중근 옮김, 『전격전의 전설』 일조각, 2007)에서 논하고 있다. 독소전쟁 초기 단계에 일어난 대규모 전차전에 관해서는 졸론 「환상의 대전차전-사라진 패배幻の大戰車戰-消された敗北」(앞의 『제2차대전의 '분기점'第二次大戰の〈分岐点〉』수록)에 논술되어 있다. 2장의 스몰렌스크 전투에 관한 기술은 데이비드 스탈David Stahel의 연구를 근거로 했다. David Stahel, *Operation Barbarossa and Germany's Defeat in the East*, Cambridge: Cambridge University Press, 2009를 보길 바란다. 본서에서도 기술했지만, 오키 다케시大木毅, 『독일군사사-그 허상과 실상ドイツ軍事史-その虛像と實像』, 사쿠힌샤作品社, 2016에 수록된 졸론 「은폐된 전환점-스몰렌스크 전투 재평가隱されたターニング·ポイント-スモレンスク戰再評價」에서도 상세히 서술하고 있다. 또 독일 측의 병참 문제는 마틴 반 크레벨드Martin van Creveld(사토 사사부로佐藤佐三郎 번역), 『보급전-무엇이 승패를 결정했는가補給戰-何が勝敗を決定するのか』, 주코문고中公文庫, 2006에서도 비판하고 있다.

3장 절멸 전쟁

다지마 노부오田嶋信雄, 『나치즘 외교와 '만주국'ナチズム外交と「滿洲国」』 지쿠라쇼보千倉書房, 1992의 제1부 「나치즘 시기 독일 외교의 분석틀ナチズム期ドイツ外交の分析枠組」은 이 책이 출판된 시점까지 나치즘 체제에 관한 연구사의 핵심적인 논점을 잘 정리했다. 히틀러의 '프로그램'과 나치 독일 전략에 관해서는 우선 Andreas Hillgruber, *Hitlers Strategie. Politik und Kriegführung 1940~1941*, 1. Aufl., Frankfurt a.M., 1965(2.Aufl., München, 1982)를 참조할 필요가 있다. '프로그램'론 성립의 토대가 된 문헌은 현재로는 다음과 같은 일본어 번역서가 있다. 우선 아돌프 히틀러Adolf Hitler(히라노 이치로平野一郎·쇼쟈크 시게루将積茂 번역), 『나의 투쟁わが闘爭』, 가도카와문고角川文庫, 1973이지만, 원서라면 독일현대사연구소가 간행한 주석판 Christian Hartmann et al., Hitler, *Mein Kampf. Eine kritische Edition*, 2Bde., München/berlin, 2016을 보는 것이 적당하다(현재 국내에는 동서문화사판[황성모 옮김, 2014], 홍신문화사판[이명성 옮김, 2006], 범우사판[서석연 옮김, 1999년] 등이 출간되어 있다). 헤르만 라우슈닝Hermann Rauschning(후나토 미쓰유키船戸滿之 번역), 『영원한 히틀러永遠なるヒトラー』 신판, 야하타쇼텐八幡書店, 1986은 오늘날 위작이라 판명되었지만, 번역서가 있어서 일본어로 읽을 수가 있다.

식탁과 기타의 히틀러 담화 속기록에는 다양한 버전이 있지만, 휴 트레버 로퍼 Hugh Redwald Trevor-Roper(요시다 야쓰오吉田八岭 감역), 『히틀러의 테이블 토크ヒトラーのテーブル・トーク』 상·하, 산코샤三交社, 1994이 일본어로 번역되어 있다. 휴 트레버 로퍼가 말하는 1945년의 식탁 담화는 마르틴 보어만Martin Bormann(시노하라 세이에이篠原正瑛 번역) 기록, 『히틀러의 유언 1945년 2월 4일~4월 2일ヒトラーの遺言 1945年2月4日~4月2日』, 하라쇼보原書房, 1991에 수록되어 있다. Gerhard L. Weinberg(Hrsg.), *Hitlers Zweites Buch. Ein Dokument aus dem Jahr 1928*, Stuttgart, 1961에는 다음과 같은 두 종류의 일본어 번역서가 있다. 아돌프 히틀러Adolf Hitler(히라노 이치로平野一郎 번역), 『속 나의 투쟁続 わが闘爭』 가도카와분고角川文庫, 2004와 (다키 마사루立木勝 번역), 『히틀러 제2의 책-자신이 간행을 금지한 '속 나의 투쟁'ヒトラー第2の書-自身が刊行を禁じた「続・わが闘爭」』 세이코쇼보成甲書房, 2004.

'프로그램'론 비판으로 중요한 것은 다음과 같은 논문 세 편이다.

- Martin Broszat, 'Soziale Motivation und Führer-Bindung des Nationalsozialismus', in: *Vierteljahrshefte für Zeitgeschichte* 18(1970), S. pp.392~409.
- Timothy Mason 'The Legacy of 1918 for National Socialism', in: A. J. Nicolls and E. Matthias(eds.), *Germa and the Triumph of Hitler*, London, 1961, pp.144~153.
- Timothy Mason, 'Zur Funktion des Angriffskrieges 1939', in: G. Ziebura(Hrsg.), *Grundfragen der Deutschen Aussenpolitik seit 1871*, Darmstadt, 1975, S. pp.376~413.

독일군의 기아 계획에 관해서는 리지 콜링햄Lizzie Collingham(우탄 기요미宇丹貴代実·구로와 아쓰시黒輪篤嗣 번역), 『전쟁과 기아戦争と飢餓』, 가와데쇼보신사河出書房新社, 2012에 서술되어 있다. 또한 '동부 종합계획'은 Mechtild

Rössler/Sabine Schleiermacher, *Der 'Generalplan Ost':Hauptlinien der Nationalsozialistischen Planungs-und Vernichyungspolitik, Berlin*, 1993으로 번각翻刻되어 있다.

홀로코스트에 관한 간략한 개설서로는 시바 겐스케芝健介,『홀로코스트-나치스에 의한 유대인 대량살육의 전모ホロコースト-ナチスによるユダヤ大量殺戮の全貌』, 주코신서中公新書, 2008이 매우 훌륭하다. 본격적인 연구서로는 라울 힐베르크Raul Hilberg(모치다 유키오望田幸男・하라다 가즈미原田一美・이노우에 시게코井上茂子 번역),『유럽 유대인의 절멸ヨーロッパ・ユダヤ人の絶滅』상・하, 가시와쇼보柏書房, 1997을 참조하길 바란다. 일본어로 읽을 수 있는 전문서로는 특히 독소전쟁과 홀로코스트의 관계에 중점을 둔 나가미네 미치데루永岑三千輝의 연구서 세 권을 추천한다. 『독일 제3제국의 소련 점령정책과 민중 1941~1942ドイツ第3帝国のソ連占領政策と民衆 1941~1942』, 도분칸同文館, 1994,『독소전쟁과 홀로코스트独ソ戰とホロコースト』, 니혼케이자이효론샤日本経済評論社, 2001,『홀로코스트의 역학-독소전쟁・세계대전・총력전의 변증법ホロコーストの力學-独ソ戰・世界大戰・總力戰の弁証法』, 아오키쇼텐, 2003. 이중『독소전쟁과 홀로코스트独ソ戰とホロコースト』에서는 출동부대에 대해 상세히 서술하고 있다.

소련군 장병의 항전 의지 형성에 관해서는 Roger R. Reese, *Why Stalin's Soldiers Fought. The Red Army's Military Effectiveness in World War II*, Lawrence: University Press of Kansas, 2011이 흥미롭다. 소련군 중에는 다수의 여성이 전선에서 싸웠다. 그녀들의 시점에서 본 전쟁 묘사로는 스베틀라나 알렉시예비치Svetlana Alexievitch(미우라 미도리三浦みどり 번역),『전쟁은 여자의 얼굴을 하고 있지 않다戰争は女の顔をしていない』, 이와나미현대문고岩波現代文庫, 2016(박은정 옮김,『전쟁은 여자의 얼굴을 하지 않았다』문학동네, 2015)의 일독을 권한다. 또 어린이의 시점으로 본 스베틀라나 알렉시예비치Svetlana Alexievitch(미우라 미도리三浦みどり 번역),『단추 구멍으로 본 전쟁-백러시아 어린이들의 증언ボタン穴から見た戦争-白ロシアの子供たちの証言』, 이와나미현대문고岩波現代文庫, 2016(연진희 옮김,『마지막 목격자들-어린이 목소리를 위한 솔로』글항아리, 2016)도 중요한 기록이다.

4장 조류의 역전

군사적 경과에 관해서는 앞서 언급한 글랜츠와 하우스의 *When Titans Clashed*가 필요한 정보를 망라하고 있다. 모스크바 전쟁에 관해서는 앤드류 나

고르스키Andrew Nagorski(쓰모리 시게루津守滋 감역, 津守京子쓰모리 교코 번역), 『모스크바 공방전-20세기를 결정한 사상최대의 전투モスクワ攻防戰: 20世紀を決した史上最大の戦鬪』, 사쿠힌샤作品社, 2010(차병직 옮김, 『세계사 최대의 전투: 모스크바 공방전』, 까치글방, 2011)이 있다. '청색' 작전의 흐름은 앤터니 비버Antony Beevor(호리 다호코堀たほ子 번역), 『스탈린그라드-운명의 공위전 1942~1943スターリングラード-運命の攻圍戰 1942~1943』, 아사히문고朝日文庫, 2005이 알기 쉽다. 스탈린그라드 이후 소련군 반격에서 '성채' 작전까지의 경위는 우선, 데니스 쇼월터Dennis Showalter (마쓰모토 유키시게松本幸重 번역), 『쿠르스크 전투 1943-독소 '사상 최대 전차전'의 실상クルスクの戰い1943-独ソ「史上最大の戦車戰」の実相』, 하쿠스이샤白水社, 2015을 권한다. 최근 연구 수준을 알 수 있는 것은 Roman Töppel, *Kursk 1943. Die größte Schlacht des Zweiten Weltkriegs*, Paderborn, 2017이 있다. 이 책은 높은 평가를 받아 영국, 프랑스, 러시아, 스페인 등 4개국 언어로 번역되어 있다. 졸역으로 일본에서도 출판될 예정이다. 또 이 기간의 군사작전을 검토하기에는 만슈타인의 회상록 Erich von Manstein(혼고 다케시本郷健 번역), 『잃어버린 승리失われた勝利』상·하, 주오코론신샤中央公論新社, 1999~2000이 필수적이다. 단, 당연한 말이지만 신중한 사료 비판이 요구되는 자료이다. 마에하라 도오루前原透 감수, 가타오카 데쓰야片岡徹也 편, 『전략사상가사전戰略思想家事典』, 후요쇼보출판芙蓉書房出版, 2003에는 소련의 군사사상가들의 소전小傳이 수록되어 있다.

5장 이성을 잃은 절대전쟁

히틀러와 만슈타인의 대립을 논한 문헌으로는 먼고 멜빈Mungo Melvin(오키 다케시大木毅 번역), 『히틀러의 원수 만슈타인ヒトラーの元帥 マンシュタイン』상·하, 하쿠스이샤白水社, 2016, (박다솜 옮김, 『만슈타인-히틀러의 최고 두뇌, 기동전의 대가』, 플래닛미니어, 2017)이 있다. 베를린 전투를 포함한 진쟁의 최종 단계를 묘사한 논픽션으로는 앤터니 비버Antony Beevor(가와카미 다케시川上洸 번역), 『베를린 함락 1945ベルリン陥落 1945』, 하쿠스이샤白水社, 2004을 추천한다. Gerd R. Ueberschär/Rolf-Dieter Müller, *1945. Das Ende des Krieges*, Darmstadt, 2005는 독일패전의 여러 양상을 간결하게 논한다.

종장 '절멸 전쟁'의 긴 그림자

옛 게슈타포 본부 자리에 만들어진, 나치즘의 포학을 알리는 기념관 '공포의 공간Topographie des Terrors'에서 독소개전 50주년인 1991년에 독소전쟁을 주제로 개최된 특별전시 도록 Reinhard Rürup(Hrsg.), *Der Krieg gegen die Sowjetunion 1941~1945. Eine Dokumentation zum 50. Jahrestag des Überfalls auf die Sowjetunion*, Berlin, 1991은 독일에 있어서 독소전쟁 상의 형성과 전개를 파악하는 데 참고가 된다. 국방군전시도록 Hamburger Institut für Sozialforschung(Hrsg.), *Vernichtungskrieg. Verbrechen der Wehrmacht 1941 bis 1944*, Hamburg, 1996도 마찬가지다.

2. 인용 문헌(본문 중 처음 나왔을 때만 기입)

시작하며

제프리 주크스Geoffrey Jukes(가토가와 고타로加登川幸太郎 번역), 『스탈린그라드-히틀러 야망이 무너지다スターリングラード-ヒトラー野望に崩る』 산케이신문사출판국サンケイ新聞社出版局, 1971.

알렉산더 워즈Alexander Werth(나가시마 히로시中島博・가베 가쓰히로壁勝弘 번역), 『싸우는 소비에트 러시아戦うソヴェト・ロシア』 전2권, 미스즈쇼보みすず書房, 1967~1969.

1장

NHK취재반NHK取材班・시모토마이 노부오下斗米伸夫, 『국제스파이 조르게의 진실国際スパイ ゾルゲの真実』 가도카와쇼텐角川書店, 1992.

윈스턴 처칠Winston Churchill(마이니치신문번역위원회每日新聞飜訳委員会 번역), 『제2차 세계대전 회고록第2次大戦回顧録』 전2권, 마이니치신문사每日新聞社, 1949~1955 (차병직 옮김, 『제2차 세계대전 상, 하』 까치, 2016, 1955).

외무성外務省 편, 『일본외교연 및 주요문서日本外交年表竝主要文書』 전2권, 일본국제협회日本国際連合協会, 1955.

David M. Glantz, *Stumbling Colossus: The Red Army on the Eve of World War*, Lawrence, University Press of Kansas, 1998.

Hugh R. Trevor-Roper, '*Hitlers Kriegsziele*', in: Vierteljahreshefte für Zeitgeschichte 8(1960), S. pp. 121~133.

파울 슈미트Paul Schmidt(나가노 아키라長野明 번역), 『외교무대의 조연(1923~1945)外交舞台の脇役』, 일본국서간행회日本図書刊行会, 1998.

휴 트레버 로퍼Hugh Redwald Trevor-Roper 편(다키가와 요시토滝川義人 번역), 『히틀러의 작전지령서-전격전의 공포ヒトラーの作戦指令書-電撃戦の恐怖』, 東洋書林, 2000.

Percy Ernst Schramm/Helmuth Greiner, *Kriegstagebuch des Oberkommandos der Wehrmacht(Wehrmachtführungsstab) 1940~1945*, 4 Bde., 1965~1972.

2장

Artem Drabkin/Alexei Isaev/Christopher Summerville, *Barbarossa through Soviet Eyes. The First Twenty-Four Hours*, Barnsley, 2012.

Johannes Hürter(Hrsg.), *Ein deutscher General an der Ostfront. Die Briefe und Tagebücher des Gotthard Heinrici 1941/42*, Erfurt, 2001.

Klaus Gerber(Hrsg.), *Generalfeldmarschall Fedor von Bock: Zwischen Pflicht und Verweigerung, Das Kriegstagebuch*, München et al., Atglen, PA., 1995.

David Stahel, *Kiev 1941. Hitler's Battle for Supremacy in the East*, Cambridge et al., 2012.

Max Domarus(Hrsg.), *Hitler. Reden und Proklamationen, 1932~1945*, 4 Bde., München, 1965.

3장

Auswärtiges Amt, *Akten zur deutschen auswärtigen Politik 1918~1945*, Serie D, Bd. 13, Hbd. 1, Göttingen, 1970.

Anna Reid, *Leningrad. The Epic Siege of World War II, 1941~1944*, New York, 2011.

4장

Bernd Ulrich, *Stalingrad*, München, 2005.

Evan Mawdsley, *Thunder in the East. The Nazi-Soviet War 1941~1945*, London, 2005.

Ernst Klink, *Das Gesetz des Handelns. Die Operation 'Zitadelle' 1943*, Stuttgart, 1966.

David M. Glantz/Harold S. Orenstein(trans), *The Battle for Kursk 1943. The Soviet General Staff Study*, London, 1999.

5장

캐서린 메리데일Catherine Merridale(마쓰시마 요시히코松島芳彦 번역),『이반의 전쟁-붉은 군대 병사의 기록1939~45イワンの戦争-赤軍兵士の記録1939~45』, 하쿠스이샤白水社, 2012.

독소전쟁 연표

1933년	1월 30일	히틀러 정권 성립
1935년	3월 16일	히틀러 재군비 선언
1936년	3월 7일	라인란트 진주進駐
	7월 17일	스페인 내전 발발(독일, 이탈리아, 소련이 각각 반란군과 정부군에게 군사원조)
	11월 25일	일독방공협정체결
1937년	6월 12일	투하쳅스키 원수 이하 소련군 간부의 비밀재판과 처형 발표
	7월 7일	노구교 사건. 중일전쟁발발
	11월 5일	히틀러, 외무성과 국방군 수뇌부에게 '생존권' 획득의 의사를 언명
1938년	3월 13일	독일, 오스트리아를 '합병'
	9월 29일	체코슬로바키아 문제를 둘러싼 영국·프랑스·독일·이탈리아의 뮌헨회담. 소련은 관여할 수 없는 처지에 놓임
1939년	3월 10일	소련공산당 제18회 당대회 개최, 한층 더한 공업화 전개와 군비증강을 목표로 하는 제3차 5개년계획 채택
	3월 15일	독일, 체코슬로바키아 해체
	5월 11일	일소 양군의 국경분쟁(노몬한 사건) 발발
	8월 23일	독소불가침조약 체결
	9월 1일	독일군, 폴란드 침공
	9월 3일	영국과 프랑스, 독일에 선전포고
	9월 17일	소련군, 폴란드 침공
	11월 30일	소련군, 핀란드 침공(겨울 전쟁)
1940년	3월 12일	소련과 핀란드 강화조약 조인
	4월 9일	독일군, 덴마크 및 노르웨이 침공
	5월 10일	독일군, 서방 작전 개시
	5월 14일	네덜란드, 독일에 항복

	5월 27일	벨기에, 독일에 항복
	6월 3일	영국 원정군, 됭케르크에서 철수 개시
	6월 10일	이탈리아, 독일 측에 참전
	6월 22일	독일과 프랑스 휴전협정 조인
	6월 28일	루마니아, 베사라비아Bessarabya와 북 부코비나 Bucovina를 소련군에 할양
	7월 10일	독일군 영국 본토 공습 개시(영국 본토항공전)
	7월 22일	소련과의 분쟁에 대비한 작전계획 '제18군 개진훈령' 발령
	7월 31일	히틀러, 국방군 수뇌부에 소련 침공의 의사 선언
	8월 3일	소련, 리투아니아 병합
	8월 5일	소련, 라트비아 병합
	8월 6일	소련, 에스토니아 병합. 육군 총사령부에 '마르크스 플랜'이 제출됨
	9월 15일	국방군 최고사령부, '로스베르크 플랜' 완성
	9월 27일	일본·독일·이탈리아 3국동맹 성립. 야전사단 180개와 약간의 점령용 사단 준비를 지시하는 총통명령이 하달됨
	11월 12~13일	소련 외무인민위원 몰로토프, 베를린 방문
	11월 20일	헝가리, 일본·독일·이탈리아 3국동맹에 가입
	11월 23일	루마니아, 일본·독일·이탈리아 3국동맹에 가입
	12월 18일	소련 침공 작전 '바르바로사'의 실행을 지시하는 총통지령 제21호가 발령됨
1941년	3월 1일	불가리아, 일본·독일·이탈리아 3국동맹에 가입
	3월 13일	국방군 최고사령부, 국방군과 출동부대와의 공동을 승인
	3월 30일	히틀러, 국방군 고급 장교들에게 '유대인과 볼셰비키' 박멸을 연설
	4월 6일	독일군, 유고슬라비아 및 그리스 침공
	5월 6일	스탈린, 인민위원회의장에 취임
	6월 6일	국방군 최고사령부 '코미사르 지령' 발령
	6월 22일	독소 개전
	6월 28일	독일군, 민스크 점령
	7월 6일	센노 전투

	7월 16일	독일군, 스몰렌스크 점령
	8월 8일	스탈린, 붉은 군대 최고사령관 취임
	8월 14일	미영, 대서양헌장 발표
	9월 3일	아우슈비츠 강제수용소에서 소련군 포로 등을 대상으로 가스학살실험
	9월 8일	레닌그라드 포위개시
	9월 19일	독일군, 키예프 점령
	9월 29일	미국·영국·소련의 모스크바 회담, 군사물자조달 결정. 같은 날 출동부대, 키예프 근교 바비야르에서 유대인 약 3만 명 살해
	10월 2일	독일군, 모스크바 공략을 목표로 하는 '태풍' 작전 발동
	11월 7일	미국. 무기대여법을 소련에 적용할 것을 결정
	12월 6일	소련군, 모스크바 전면에서 반격 개시
	12월 8일	일본군 진주만 공격, 미국·영국·네덜란드에 선전포고
	12월 11일	독일·이탈리아, 미국에 선전포고
1942년	1월 20일	'반제회의' 개최, '유대인 문제의 최종 해결' 실행 결정. 유럽 각지에서 절멸수용소로의 이송이 본격화
	5월 26일	영소 전시동맹과 전후 협력 상호원조동맹 조인
	6월 11일	미소 상호원조협정 조인
	6월 12일	「동부 종합계획」 제출
	6월 28일	독일군 '청색' 작전 발동
	7월 23일	총통지령 제45호 하달, 스탈린그라드와 코카서스의 석유를 동시에 추구하는 작전 결정
	8월 1일	모스크바에서 영소 수뇌부 회담
	8월 23일	독일군, 스탈린그라드 도달
	11월 8일	서측연합군, 북아프리카 상륙
	11월 19일	소련군, 스탈린그라드 전선에서 반격작전 '천왕성 (우란Uran)' 발동
	11월 22일	소련군, 독일 제6군을 포위
1943년	1월 14일	미영 수뇌의 카사블랑카 회담
	1월 29일	소련군 공세 '질주' 작전 발동
	2월 2일	스탈린그라드의 독일군 항복, 소련군 공세 '별' 작전 발동

	2월 20일	독일 남부집단군, 반공 개시
	3월 14일	독일군, 반공으로 하리코프 탈환. 그 결과 쿠르스크 주변의 전선에 돌출부 형성
	5월 13일	북아프리카의 추축군, 서측연합군에 항복
	7월 5일	'성채' 작전 발동(쿠르스크 전투)
	7월 10일	서측연합군, 시칠리아섬 상륙
	7월 12일	소련군 공세 작전 '쿠투조프' 발동
	7월 25일	이탈리아에서 쿠데타, 총리 무솔리니 체포
	8월 3일	소련군 공세 작전 '루먄체프' 발동
	9월 3일	서측연합군, 이탈리아 본토 상륙
	9월 8일	이탈리아, 연합군에 항복
	10월 19일	모스크바에서 영소 외상회담
	11월 6일	소련군, 키예프 해방
	11월 28일	미영소 수뇌의 테헤란 회담개최
1944년	1월 27일	소련군, 레닌그라드 해방
	1월 28일	코르순 포위전투 개시(~2월 17일)
	3월 28일	소련군, 독일 제1장갑부대 포위(4월 6일, 제1장갑군은 탈출 성공)
	3월 31일	만슈타인 해임
	6월 4일	서측연합군, 로마 점령
	6월 6일	서측연합군, 노르망디 상륙
	6월 22일	소련군 공세 작전 '바그라티온' 발동
	7월 3일	소련군, 민스크 해방
	7월 20일	히틀러 암살계획 실패
	7월 23일	소련군 부대 루블린Lublin 근교의 마이데네크Maidenek 절멸수용소 자리에 도착
	8월 1일	바르샤바 봉기 개시
	8월 20일	소련군, 루마니아 진격
	8월 25일	서측연합군, 파리 해방
	9월 8일	불가리아가 추축군 이탈
	9월 10일	불가리아, 대독선전포고
	9월 19일	핀란드, 대소휴전협정 체결
	10월 9일	영소 수뇌회담에서 발칸의 세력범위 결정

1945년	10월 15일	헝가리 섭정 호르티 미클로시Horthy Miklós에 의한 휴전 선언에 대해 화살십자당이 쿠데타 실행, 전쟁을 계속함.
	1월 12일	소련군, 독일 본토 진공 개시
	2월 4일	미영소 수뇌의 얄타회담 개최
	1월 13~14일	드레스덴 공습
	4월 13일	소련군, 빈 점령
	4월 16일	소련군, 베를린 공략 작전 개시
	4월 30일	히틀러 자살
	5월 7일	독일 항복
	5월 8일	독일, 소련군에 대한 항복문서 조인
	6월 5일	미국·영국·소련·프랑스 연합군, 베를린의 공동관리 선언
	7월 17일	미·영·소 수뇌의 포츠담회담 개최

IWANAMI 059

독소전쟁

-모든 것을 파멸시킨 2차 세계대전 최대의 전투-

초판 1쇄 인쇄 2021년 1월 10일
초판 2쇄 발행 2021년 8월 30일

저자 : 오키 다케시
번역 : 박삼헌

펴낸이 : 이동섭
편집 : 이민규
책임편집 : 조세진
디자인 : 조세연
표지 디자인 : 공중정원
영업·마케팅 : 송정환, 조정훈
e-BOOK : 홍인표, 최정수, 서찬웅, 심민섭, 김은혜
관리 : 이윤미

㈜에이케이커뮤니케이션즈
등록 1996년 7월 9일(제302-1996-00026호)
주소 : 04002 서울 마포구 동교로 17안길 28, 2층
TEL : 02-702-7963~5   FAX : 02-702-7988
http://www.amusementkorea.co.kr

ISBN 979-11-274-4181-4 04920
ISBN 979-11-7024-600-8 04080

DOKUSOSEN ZENMETSUSENSO NO SANKA
by Takeshi Oki
Copyright © 2019 by Takeshi Oki
Originally published in 2019 by Iwanami Shoten, Publishers, Tokyo.
This Korean print edition published 2021
by AK Communications, Inc., Seoul
by arrangement with Iwanami Shoten, Publishers, Tokyo

이 도서의 국립중앙도서관 출판예정도서목록(CIP)은 서지정보유통지원시스템 홈페이지
(http://seoji.nl.go.kr)와 국가자료공동목록시스템(http://www.nl.go.kr/kolisnet)에서 이용
하실 수 있습니다. (CIP제어번호: CIP2020054024)

*잘못된 책은 구입한 곳에서 무료로 바꿔드립니다.

일본의 지성과 양심

이와나미岩波 시리즈

001 이와나미 신서의 역사

가노 마사나오 지음 | 기미정 옮김 | 11,800원

일본 지성의 요람, 이와나미 신서!
1938년 창간되어 오늘날까지 일본 최고의 지식 교양서 시리즈로 사랑받고 있는 이와나미 신서. 이와나미 신서의 사상 · 학문적 성과의 발자취를 더듬어본다.

002 논문 잘 쓰는 법

시미즈 이쿠타로 지음 | 김수희 옮김 | 8,900원

이와나미서점의 시대의 명저!
저자의 오랜 집필 경험을 바탕으로 글의 시작과 전개, 마무리까지, 각 단계에서 염두에 두어야 할 필수사항에 대해 효과적이고 실천적인 조언이 담겨 있다.

003 자유와 규율 -영국의 사립학교 생활-

이케다 기요시 지음 | 김수희 옮김 | 8,900원

자유와 규율의 진정한 의미를 고찰!
학생 시절을 퍼블릭 스쿨에서 보낸 저자가 자신의 체험을 바탕으로, 엄격한 규율 속에서 자유의 정신을 훌륭하게 배양하는 영국의 교육에 대해 말한다.

004 외국어 잘 하는 법

지노 에이이치 지음 | 김수희 옮김 | 8,900원

외국어 습득을 위한 확실한 길을 제시!!
사전 · 학습서를 고르는 법, 발음 · 어휘 · 회화를 익히는 법, 문법의 재미 등 학습을 위한 요령을 저자의 체험과 외국어 달인들의 지혜를 바탕으로 이야기한다.

005 일본병 -장기 쇠퇴의 다이내믹스-

가네코 마사루, 고다마 다쓰히코 지음 | 김준 옮김 | 8,900원

일본의 사회·문화·정치적 쇠퇴, 일본병!
장기 불황, 실업자 증가, 연금제도 파탄, 저출산·고령화의 진행, 격차와 빈곤의 가속화 등의 「일본병」에 대해 낱낱이 파헤친다.

006 강상중과 함께 읽는 나쓰메 소세키

강상중 지음 | 김수희 옮김 | 8,900원

나쓰메 소세키의 작품 세계를 통찰!
오랫동안 나쓰메 소세키 작품을 음미해온 강상중의 탁월한 해석을 통해 나쓰메 소세키의 대표작들 면면에 담긴 깊은 속뜻을 알기 쉽게 전해준다.

007 잉카의 세계를 알다

기무라 히데오, 다카노 준 지음 | 남지연 옮김 | 8,900원

위대한 「잉카 제국」의 흔적을 좇다!
잉카 문명의 탄생과 찬란했던 전성기의 역사, 그리고 신비에 싸여 있는 유적 등 잉카의 매력을 풍부한 사진과 함께 소개한다.

008 수학 공부법

도야마 히라쿠 지음 | 박미정 옮김 | 8,900원

수학의 개념을 바로잡는 참신한 교육법!
수학의 토대라 할 수 있는 양·수·집합과 논리·공간 및 도형·변수와 함수에 대해 그 근본 원리를 깨우칠 수 있도록 새로운 관점에서 접근해본다.

009 우주론 입문 -탄생에서 미래로-

사토 가쓰히코 지음 | 김효진 옮김 | 8,900원

물리학과 천체 관측의 파란만장한 역사!
일본 우주론의 일인자가 치열한 우주 이론과 관측의 최전선을 전망하고 우주와 인류의 먼 미래를 고찰하며 인류의 기원과 미래상을 살펴본다.

010 우경화하는 일본 정치

나카노 고이치 지음 | 김수희 옮김 | 8,900원

일본 정치의 현주소를 읽는다!
일본 정치의 우경화가 어떻게 전개되어왔으며, 우경화를 통해 달성하려는 목적은 무엇인가. 일본 우경화의 전모를 낱낱이 밝힌다.

011 악이란 무엇인가

나카지마 요시미치 지음 | 박미정 옮김 | 8,900원

악에 대한 새로운 깨달음!
인간의 근본악을 추구하는 칸트 윤리학을 철저하게 파고든다. 선한 행위 속에 어떻게 악이 녹아들어 있는지 냉철한 철학적 고찰을 해본다.

012 포스트 자본주의 -과학 · 인간 · 사회의 미래-

히로이 요시노리 지음 | 박제이 옮김 | 8,900원

포스트 자본주의의 미래상을 고찰!
오늘날 「성숙 · 정체화」라는 새로운 사회상이 부각되고 있다. 자본주의 · 사회주의 · 생태학이 교차하는 미래 사회상을 선명하게 그려본다.

013 인간 시황제

쓰루마 가즈유키 지음 | 김경호 옮김 | 8,900원

새롭게 밝혀지는 시황제의 50년 생애!
시황제의 출생과 꿈, 통일 과정, 제국의 종언에 이르기까지 그 일생을 생생하게 살펴본다. 기존의 폭군상이 아닌 한 인간으로서의 시황제를 조명해본다.

014 콤플렉스

가와이 하야오 지음 | 위정훈 옮김 | 8,900원

콤플렉스를 마주하는 방법!
「콤플렉스」는 오늘날 탐험의 가능성으로 가득 찬 미답의 영역, 우리들의 내계, 무의식의 또 다른 이름이다. 융의 심리학을 토대로 인간의 심층을 파헤친다.

015 배움이란 무엇인가

이마이 무쓰미 지음 | 김수희 옮김 | 8,900원

'좋은 배움'을 위한 새로운 지식관!
마음과 뇌 안에서의 지식의 존재 양식 및 습득 방식, 기억이나 사고의 방식에 대한 인지과학의 성과를 바탕으로 배움의 구조를 알아본다.

016 프랑스 혁명 -역사의 변혁을 이룬 극약-

지즈카 다다미 지음 | 남지연 옮김 | 8,900원

프랑스 혁명의 빛과 어둠!
프랑스 혁명은 왜 그토록 막대한 희생을 필요로 하였을까. 시대를 살아가던 사람들의 고뇌와 처절한 발자취를 더듬어가며 그 역사적 의미를 고찰한다.

017 철학을 사용하는 법

와시다 기요카즈 지음 | 김진희 옮김 | 8,900원

철학적 사유의 새로운 지평!

숨 막히는 상황의 연속인 오늘날, 우리는 철학을 인생에 어떻게 '사용'하면 좋을까? '지성의 폐활량'을 기르기 위한 실천적 방법을 제시한다.

018 르포 트럼프 왕국 -어째서 트럼프인가-

가나리 류이치 지음 | 김진희 옮김 | 8,900원

또 하나의 미국을 가다!

뉴욕 등 대도시에서는 알 수 없는 트럼프 인기의 원인을 파헤친다. 애팔래치아산맥 너머, 트럼프를 지지하는 사람들의 목소리를 가감 없이 수록했다.

019 사이토 다카시의 교육력 -어떻게 가르칠 것인가-

사이토 다카시 지음 | 남지연 옮김 | 8,900원

창조적 교육의 원리와 요령!

배움의 장을 향상심 넘치는 분위기로 이끌기 위해 필요한 것은 가르치는 사람의 교육력이다. 그 교육력 단련을 위한 방법을 제시한다.

020 원전 프로파간다 -안전신화의 불편한 진실-

혼마 류 지음 | 박제이 옮김 | 8,900원

원전 확대를 위한 프로파간다!

언론과 광고대행사 등이 전개해온 원전 프로파간다의 구조와 역사를 파헤치며 높은 경각심을 일깨운다. 원전에 대해서, 어디까지 진실인가.

021 허블 -우주의 심연을 관측하다-

이에 마사노리 지음 | 김효진 옮김 | 8,900원

허블의 파란만장한 일대기!

아인슈타인을 비롯한 동시대 과학자들과 이루어낸 허블의 영광과 좌절의 생애를 조명한다! 허블의 연구 성과와 인간적인 면모를 살펴볼 수 있다.

022 한자 -기원과 그 배경-

시라카와 시즈카 지음 | 심경호 옮김 | 9,800원

한자의 기원과 발달 과정!

중국 고대인의 생활이나 문화, 신화 및 문자학적 성과를 바탕으로, 한자의 성장 그 의미를 생생하게 들여다본다.

023 지적 생산의 기술

우메사오 다다오 지음 | 김욱 옮김 | 8,900원

지적 생산을 위한 기술을 체계화!

지적인 정보 생산을 위해 저자가 연구자로서 스스로 고안하고 동료들과 교류하며 터득한 여러 연구 비법의 정수를 체계적으로 소개한다.

024 조세 피난처 -달아나는 세금-

시가 사쿠라 지음 | 김효진 옮김 | 8,900원

조세 피난처를 둘러싼 어둠의 내막!

시민의 눈이 닿지 않는 장소에서 세 부담의 공평성을 해치는 온갖 악행이 벌어진다. 그 조세 피난처의 실태를 철저하게 고발한다.

025 고사성어를 알면 중국사가 보인다

이나미 리쓰코 지음 | 이동철, 박은희 옮김 | 9,800원

고사성어에 담긴 장대한 중국사!

다양한 고사성어를 소개하며 그 탄생 배경인 중국사의 흐름을 더듬어본다. 중국사의 명장면 속에서 피어난 고사성어들이 깊은 울림을 전해준다.

026 수면장애와 우울증

시미즈 데쓰오 지음 | 김수희 옮김 | 8,900원

우울증의 신호인 수면장애!

우울증의 조짐이나 증상을 수면장애와 관련지어 밝혀낸다. 우울증을 예방하기 위한 수면 개선이나 숙면법 등을 상세히 소개한다.

027 아이의 사회력

가도와키 아쓰시 지음 | 김수희 옮김 | 8,900원

아이들의 행복한 성장을 위한 교육법!

아이들 사이에서 타인에 대한 관심이 사라져가고 있다. 이에 「사람과 사람이 이어지고, 사회를 만들어나가는 힘」으로 「사회력」을 제시한다.

028 쑨원 -근대화의 기로-

후카마치 히데오 지음 | 박제이 옮김 | 9,800원

독재 지향의 민주주의자 쑨원!

쑨원, 그 남자가 꿈꾸었던 것은 민주인가, 독재인가? 신해혁명으로 중화민국을 탄생시킨 희대의 트릭스터 쑨원의 못다 이룬 꿈을 알아본다.

029 중국사가 낳은 천재들

이나미 리쓰코 지음 | 이동철, 박은희 옮김 | 8,900원

중국 역사를 빛낸 56인의 천재들!
중국사를 빛낸 걸출한 재능과 독특한 캐릭터의 인물들을 연대순으로 살펴본다. 그들은 어떻게 중국사를 움직였는가?!

030 마르틴 루터 -성서에 생애를 바친 개혁자-

도쿠젠 요시카즈 지음 | 김진희 옮김 | 8,900원

성서의 '말'이 가리키는 진리를 추구하다!
성서의 '말'을 민중이 가슴으로 이해할 수 있도록 평생을 설파하며 종교개혁을 주도한 루터의 감동적인 여정이 펼쳐진다.

031 고민의 정체

가야마 리카 지음 | 김수희 옮김 | 8,900원

현대인의 고민을 깊게 들여다본다!
우리 인생에 밀접하게 연관된 다양한 요즘 고민들의 실례를 들며, 그 심층을 살펴본다. 고민을 고민으로 만들지 않을 방법에 대한 힌트를 얻을 수 있을 것이다.

032 나쓰메 소세키 평전

도가와 신스케 지음 | 김수희 옮김 | 9,800원

일본의 대문호 나쓰메 소세키!
나쓰메 소세키의 작품들이 오늘날에도 여전히 사람들의 마음을 매료시키는 이유는 무엇인가? 이 평전을 통해 나쓰메 소세키의 일생을 깊이 이해하게 되면서 그 답을 찾을 수 있을 것이다.

033 이슬람문화

이즈쓰 도시히코 지음 | 조영렬 옮김 | 8,900원

이슬람학의 세계적 권위가 들려주는 이야기!
거대한 이슬람 세계 구조를 지탱하는 종교·문화적 밑바탕을 파고들며, 이슬람 세계의 현실이 어떻게 움직이는지 이해한다.

034 아인슈타인의 생각

사토 후미타카 지음 | 김효진 옮김 | 8,900원

물리학계에 엄청난 파장을 몰고 왔던 인물!
아인슈타인의 일생과 생각을 따라가보며 그가 개척한 우주의 새로운 지식에 대해 살펴본다.

035 음악의 기초

아쿠타가와 야스시 지음 | 김수희 옮김 | 9,800원

음악을 더욱 깊게 즐길 수 있다!
작곡가인 저자가 풍부한 경험을 바탕으로 음악의 기초에 대해 설명하는 특별한 음악 입문서이다.

036 우주와 별 이야기

하타나카 다케오 지음 | 김세원 옮김 | 9,800원

거대한 우주의 신비와 아름다움!
수많은 별들을 빛의 밝기, 거리, 구조 등을 다양한 시점에서 해석하고 분류해 거대한 우주 진화의 비밀을 파헤쳐본다.

037 과학의 방법

나카야 우키치로 지음 | 김수희 옮김 | 9,800원

과학의 본질을 꿰뚫어본 과학론의 명저!
자연의 심오함과 과학의 한계를 명확히 짚어보며 과학이 오늘날의 모습으로 성장해온 궤도를 사유해본다.

038 교토

하야시야 다쓰사부로 지음 | 김효진 옮김 | 10,800원

일본 역사학자의 진짜 교토 이야기!
천년 고도 교토의 발전사를 그 태동부터 지역을 중심으로 되돌아보며, 교토의 역사와 전통, 의의를 알아본다.

039 다윈의 생애

야스기 류이치 지음 | 박제이 옮김 | 9,800원

다윈의 신솔한 모습을 담은 평전!
진화론을 향한 청년 다윈의 삶의 여정을 그려내며, 위대한 과학자가 걸어온 인간적인 발전을 보여준다.

040 일본 과학기술 총력전

야마모토 요시타카 지음 | 서의동 옮김 | 10,800원

구로후네에서 후쿠시마 원전까지!
메이지 시대 이후 「과학기술 총력전 체제」가 이끌어온 근대 일본 150년. 그 역사의 명암을 되돌아본다.

041 밥 딜런

유아사 마나부 지음 | 김수희 옮김 | 11,000원

시대를 노래했던 밥 딜런의 인생 이야기!
수많은 명곡으로 사람들을 매료시키면서도 항상 사람들의 이해를
초월해버린 밥 딜런. 그 인생의 발자취와 작품들의 궤적을 하나하나
짚어본다.

042 감자로 보는 세계사

야마모토 노리오 지음 | 김효진 옮김 | 9,800원

인류 역사와 문명에 기여해온 감자!
감자가 걸어온 역사를 돌아보며, 미래에 감자가 어떤 역할을 할 수
있는지, 그 가능성도 아울러 살펴본다.

043 중국 5대 소설 삼국지연의 · 서유기 편

이나미 리쓰코 지음 | 장원철 옮김 | 10,800원

중국 고전소설의 매력을 재발견하다!
중국 5대 소설로 꼽히는 고전 명작 『삼국지연의』와 『서유기』를 중국
문학의 전문가가 흥미롭게 안내한다.

044 99세 하루 한마디

무노 다케지 지음 | 김진희 옮김 | 10,800원

99세 저널리스트의 인생 통찰!
저자는 인생의 진리와 역사적 증언들을 짧은 문장들로 가슴 깊이 우
리에게 전한다.

045 불교입문

사이구사 미쓰요시 지음 | 이동철 옮김 | 11,800원

불교 사상의 전개와 그 진정한 의미!
붓다의 포교 활동과 사상의 변천을 서양 사상과의 비교로 알아보고,
나아가 불교 전개 양상을 그려본다.

046 중국 5대 소설 수호전 · 금병매 · 홍루몽 편

이나미 리쓰코 지음 | 장원철 옮김 | 11,800원

중국 5대 소설의 방대한 세계를 안내하다!
「수호전」, 「금병매」, 「홍루몽」 이 세 작품이 지니는 상호 불가분의 인
과관계에 주목하면서, 서사란 무엇인지에 대해서도 고찰해본다.

047 로마 산책

가와시마 히데아키 지음 | 김효진 옮김 | 11,800원

'영원의 도시' 로마의 역사와 문화!
일본 이탈리아 문학 연구의 일인자가 로마의 거리마다 담긴 흥미롭고 오랜 이야기를 들려준다. 로마만의 색다른 낭만과 묘미를 좇는 특별한 로마 인문 여행.

048 카레로 보는 인도 문화

가라시마 노보루 지음 | 김진희 옮김 | 13,800원

인도 요리를 테마로 풀어내는 인도 문화론!
인도 역사 연구의 일인자가 카레라이스의 기원을 찾으며, 각지의 특색 넘치는 요리를 맛보고, 역사와 문화 이야기를 들려준다. 인도 각 고장의 버라이어티한 아름다운 요리 사진도 다수 수록하였다.

049 애덤 스미스

다카시마 젠야 지음 | 김동환 옮김 | 11,800원

우리가 몰랐던 애덤 스미스의 진짜 얼굴
애덤 스미스의 전모를 살펴보며 그가 추구한 사상의 본뜻을 이해하고, 근대화를 향한 투쟁의 여정을 들여다본다

050 프리덤, 어떻게 자유로 번역되었는가

야나부 아키라 지음 | 김옥희 옮김 | 12,800원

근대 서양 개념어의 번역사
「사회」, 「개인」, 「근대」, 「미」, 「연애」, 「존재」, 「자연」, 「권리」, 「자유」, 「그, 그녀」 등 10가지의 번역어들에 대해 실증적인 자료를 토대로 성립 과정을 날카롭게 추적한다.

051 농경은 어떻게 시작되었는가

나카오 사스케 지음 | 김효진 옮김 | 12,800원

농경은 인류 문화의 근원!
벼를 비롯해 보리, 감자, 잡곡, 콩, 차 등 인간의 생활과 떼려야 뗄 수 없는 재배 식물의 기원을 공개한다.

052 말과 국가

다나카 가쓰히코 지음 | 김수희 옮김 | 12,800원

언어 형성 과정을 고찰하다!
국가의 사회와 정치가 언어 형성 과정에 어떠한 영향을 미치는지, 그 복잡한 양상을 날카롭고 알기 쉽게 설명한다.

053 헤이세이(平成) 일본의 잃어버린 30년

요시미 슌야 지음 | 서의동 옮김 | 13,800원

일본 최신 사정 설명서!
경제 거품 붕괴, 후쿠시마 원전사고, 가전왕국의 쇠락 등 헤이세이의
좌절을 한 권의 책 속에 긴축한 '헤이세이 실패 박물관'.

054 미야모토 무사시 -병법의 구도자-

우오즈미 다카시 지음 | 김수희 옮김 | 13,800원

미야모토 무사시의 실상!
무사시의 삶의 궤적을 더듬어보는 동시에, 지극히 합리적이면서도
구체적으로 기술된 그의 사상을『오륜서』를 중심으로 정독해본다.

055 만요슈 선집

사이토 모키치 지음 | 김수희 옮김 | 14,800원

시대를 넘어 사랑받는 만요슈 걸작선!
『만요슈』작품 중 빼어난 걸작들을 엄선하여, 간결하면서도 세심한
해설을 덧붙여 한 권의 책으로 엮어낸『만요슈』에센스집.

056 주자학과 양명학

시마다 겐지 지음 | 김석근 옮김 | 13,800원

같으면서도 달랐던 두 가지 시선!
중국의 신유학은 인간을 어떻게 이해하려 했는가? 동아시아 사상사
에서 빼놓을 수 없는 주자학과 양명학의 역사적 역할을 분명히 밝혀
본다.

057 메이지 유신

다나카 아키라 지음 | 김정희 옮김 | 12,800원

일본의 개항부터 근대적 개혁까지!
메이지 유신 당시의 역사적 사건들을 깊이 파고들며 메이지 유신이
가지는 명과 암의 성격을 다양한 사료를 통해서 분석한다.

058 쉽게 따라하는 행동경제학

오타케 후미오 지음 | 김동환 옮김 | 12,800원

행동경제학을 제대로 사용하는 방법!
보다 좋은 의사결정과 행동을 이끌어내는 지혜와 궁리가 바로 넛지
(nudge)이며, 이러한 넛지를 설계하고 응용하는 방법을 소개한다.